Historia del Azafrán

La flor del amanecer

Historia del Azafrán

La flor del amanecer

JESÚS ÁVILA GRANADOS

Editorial Zendrera Zariquiey

Diseño de la cubierta: Lluís Mestres
Colección dirigida por Carolina Zendrera

© Jesús Ávila Granados
© Editorial Zendrera Zariquiey S.A. - *www.sirpus.com*
   Cardenal Vives i Tutó, 59 - 08034 Barcelona - España
   Tel. 93 280 12 34 - Email: *ezendrera@writerne.com*
   Primera edición: noviembre 1999
   ISBN: 84-8418-031-X
   Depósito legal: B. 43.623-99
   Fotocomposición: Víctor Igual, S.L.
   Impresión: La Estampa

A Loly, mi esposa y compañera, por su comprensión y constante apoyo, y a mis hijos, David y Álex, porque supieron valorar pronto la importancia del conocimiento.

«El azafrán tiene una historia más antigua y más noble que la propia Venecia. Mucho antes de que ésta existiera, los griegos y los romanos utilizaban el azafrán para aromatizar sus baños. Lo esparcían por los suelos para perfumar habitaciones enteras. Cuando el emperador Nerón hizo su entrada triunfal en Roma, las calles de toda la ciudad estaban alfombradas de azafrán y llenas de su aroma.»

Gary Jennings
«El viajero»

Prólogo

La situación del campo español en estos momentos es preocupante.

Las tierras más ricas y feraces se están sobreexplotando, y las más pobres se están abandonando.

La solución de este problema no es nada sencilla. Pasa por encontrar alternativas de cultivo para cada comarca, que proporcionen los rendimientos económicos mínimos necesarios para garantizar, de un lado, que no se incremente el número de hectáreas abandonadas y, consiguientemente, fije un número de agricultores en esos pueblos que están quedando desiertos o semidesiertos; y de otro, que esas producciones tengan un futuro muy esperanzador. Esto, y con la mirada puesta en la CE, solamente se puede conseguir entrando en la llamada agricultura no competitiva.

En todos los países ribereños a la cuenca del Mediterráneo, se dan zonas o comarcas con condiciones edafoclimáticas muy próximas. Éste es el caso de La Mancha española, Le Gatinais francesa o L'Aquila, en la región del Abruzzo italiano. Estas comarcas, y otras de Grecia y Turquía, tienen en común un mismo cultivo: el azafrán (*Crocus sativus L.*).

Es un cultivo que no hay que enseñar al agricultor, pues lleva realizándolo desde hace muchísimos años.

Tampoco es preciso convencerlo de su rentabilidad, pues podría decirse de él que es una «especie de oro». España produce más del sesenta por ciento del total de la CE.

Para incrementar la calidad y cantidad de este cultivo, se precisa una clara y decidida incentivación por parte de la Administración, que podría resumirse en las siguientes líneas:

1. Estudios que garanticen al máximo su mecanización.

2. Mejora genética que proporcione bulbos resistentes a los enemigos convencionales de este cultivo y más y mejor floración.

3. Garantizar la calidad del bulbo de siembra, controlando los semilleros autorizados.

4. Estimular la creación de cooperativas y garantizar la formación técnico-administrativa de sus gerentes.

No dudo de la aceptación que los sectores interesados han de encontrar en este libro y que sabrán reconocer el esfuerzo realizado por el autor a lo largo de tantas noches, como cualquier agricultor ha pasado «mondando la rosa del azafrán».

Francisco José Albert Llana

Ingeniero agrónomo

Agradecimientos

En primer lugar, deseo transmitir mi más sincero agradecimiento a las siguientes personas, por la inestimable ayuda prestada en detrimento de su valioso tiempo, sin cuyas colaboraciones no me hubiese sido posible afrontar el reto del presente libro.

Albert Llana, Francisco José, ingeniero agrícola; **Alvar, Julio,** etnólogo, fundador del «Museo Monográfico del Azafrán», de Monreal del Campo (Teruel); **Cañigueral, Salvador,** especialista mundial en el tema de las plantas aromáticas y medicinales; **Castell Abellà, Jaume,** periodista de gastronomía y enología; **Domínguez Tendero, Francisco,** cronista oficial de la ciudad de Consuegra (Toledo); **Fernández Moraleda, Ramón,** regidor del Excmo. Ayuntamiento de Consuegra (Toledo); **Fuertes Sanz, Mari Carmen,** responsable del «Museo Monográfico del Azafrán», de Monreal del Campo (Teruel); **García Martín-Delgado, Antonio,** presidente del Consejo Regulador de la Denominación de Origen «Azafrán de La Mancha»; **García-Sáuco Beléndez, Luís G.,** director del Instituto de Estudios Albacetenses; **Gómez Romero, Ana María,** directora de Certificación del Consejo Regulador de la Denominación de Origen «Azafrán de La Mancha»; **Granados Zapata, María,** presidenta de «AMAMA» en Sevilla; **Martínez Grande, Carmelo,** director del Parador de Turismo «La Mancha», de Albacete; **Paulino, Juan,** teniente de alcalde y concejal de Cultura del Excmo. Ayuntamiento de Consuegra (Toledo); **Perulero, José Manuel,** director de la Oficina de Turismo de Consuegra (Toledo); **Quijorna del Álamo, Gumersindo,** alcalde-presidente del Excmo. Ayuntamiento de Consuegra (Toledo); **Rodríguez, José Antonio,** guía del Castillo y responsable del Museo Municipal de Consuegra (Toledo); **Terzibasoglu, Esencan,** consejera de Información de la Embajada de Turquía en Madrid; **Ulibarri Arganda, Juan,** becario del «Museo Monográfico del Azafrán», de Monreal del Campo (Teruel).

Introducción

El azafrán (*Crocus sativus L.*) es, sin duda, la planta más legendaria de la historia de la humanidad; desde el origen de las civilizaciones ha estado unida, en todos los sentidos, al desarrollo de las culturas. Por ello, no es extraño que las referencias a esta especia sean interminables y, al mismo tiempo, enriquecedoras para un mayor acercamiento de los valores socio-culturales de los pueblos y gentes, desde la Edad del Bronce hasta nuestros días.

El azafrán procede de las mesetas de Anatolia, y desde aquella península asiática —calificada por **Constantino I** «el Grande» (274-337) como la tierra por donde nace el sol— se extendió su cultivo en todas direcciones, propiciado, en gran parte, gracias a los árabes, quienes aprovecharon la mítica «Ruta de la Seda», en sus transacciones comerciales con Oriente (la India, China, Thailandia...), y el «Mare Nostrum» de los romanos, para trasladar a Occidente el misterio de esta especia, llegando a la Península Ibérica en los siglos VIII y IX, durante el Califato de Córdoba; el cultivo de esta singular planta no tardó en extenderse por la mayor parte de los territorios de al-Andalus.

El nombre de azafrán se debe a la sustancia que se extrae de los estigmas de esta planta, pues en árabe la palabra «*sa'faran*» significa «ser amarillo».

Lo que se conoce por azafrán, por lo tanto, son los estigmas y estilos secos y rojos que cuelgan en toda la longitud de las flores. Las flores (rosas) del azafrán tienen seis estigmas: tres rojos y tres amarillos; pero únicamente los rojos son aprovechables, y de la pureza de éstos dependerá el precio en el mercado.

«... la rosa del azafrán es una flor arrogante,

que nace al salir el sol y muere al caer la tarde...»

13

Extenso azafranal del término municipal de Consuegra. (Foto del autor.)

se canta en un estribillo de la inmortal zarzuela en dos actos y seis cuadros, inspirada en una obra clásica: *La Rosa del Azafrán*, uno de los últimos hitos del género, escrita por **Federico Romero** y **Guillermo Fernández-Shaw**, con música del toledano de Ajofrín, **Jacinto Guerrero**, representada por primera vez, en el Teatro Calderón, de Madrid, el 14 de marzo de 1930; todos ellos quisieron rendir un justo homenaje a esta planta, símbolo emblemático de esta región del corazón hispano, en donde la historia se confunde con la leyenda.

En efecto, se trata de una flor de vida efímera, que se muestra con orgullo al recibir los primeros rayos del alba, y que, a pesar de su inusitada belleza —en cuyo colorido coinciden los tres cromatismos básicos—, es preciso sacrificar la rosa de inmediato, antes de que el astro Rey alcance su cenit, para aprovechar de ella sus infinitas propiedades y riquezas, que tanto han contribuido a la calidad de vida de la cultura del hombre, como tendrá ocasión de comprobar el lector a lo largo de estas páginas.

Pero la labor del campesino, desde la plantación de los bulbos hasta la división de los mismos, pasando por el cultivo, la recolección, el esbrinado, el tueste, la reproducción de la cebolla, el esfarfollado, etc., requiere un enorme esfuerzo que hace partícipe a las tres o cuatro generaciones de una misma familia, exigiéndoles destreza, fuerza, cualificación y, al mismo tiempo, recursos suficientes para el mantenimiento de los terrenos con abonos adecuados, porque, es preciso recordarlo, cada cuatro años se cambia de parcela de azafranal, y no volverá a utilizarse la misma hasta después de 15-20 años, debido a la exigencia de los bulbos y a lo áridos que dejan los suelos tras ese período de producción; sin olvidarnos, además, de la lucha que el agricultor deberá entablar para eliminar el ratón o topillo devorador de bulbos —conocido en Aragón como «pitimis»—, al que se considera causante de la desaparición del azafrán en el territorio valenciano de Ademuz, a comienzos del siglo XX. Otro dato esclarecedor a tener en cuenta son las más de 235.000 rosas necesarias para conseguir un kilogramo de azafrán.

Todo ello, como es fácil de suponer, lleva a un justificado encarecimiento del producto; el azafrán, desde siempre, ha sido la especia más cara del mercado, llegando en algunos momentos a equipararse al oro.

Ante tal encarecimiento, la vanidad humana no ha tenido límites a la hora de falsificar el azafrán, mezclándolo con otras sustancias, tanto en polvo como en

Momento de la recolección de rosas de azafrán en el municipio de Camuñas (Toledo). (Foto: Ana María Gómez Romero.)

hebras, aunque más comúnmente en forma pulverizada; por ello, se recomienda su adquisición en hebras, y también en establecimientos conocidos y de confianza. La ley, en este sentido, no ha dudado a la hora de condenar a los infractores, disponiendo de severísimas condenas, que se llevaron a cabo como escarmiento público en la Europa medieval y moderna, como se podrá ver en las páginas de este libro. También es preciso destacar que en España es en donde menos infracciones se han cometido en adulteraciones de azafrán, posiblemente porque, desde hace más de mil años, conocemos muy bien las infinitas virtudes y propiedades de esta especia, como para reducir un ápice de las mismas en aras de un beneficio económico.

A mediados del siglo XIX, **Pascual Madoz** recorrió la geografía española, y resultado de sus viajes fue la obra: *Diccionario Geográfico-Histórico de España y sus posesiones de ultramar* (Madrid, 1845/1850), en cuyas páginas no se cansó de elogiar la riqueza de nuestro azafrán, así como las inmensas parcelas de terreno dedicadas a esta planta, especialmente en La Mancha, en cuya región se convierte en la planta emblemática de la mayoría de sus pueblos; en uno de sus párrafos, referidos a la provincia de Toledo, leemos: *«Consuegra produce trigo, cebada, centeno en abundancia, aceite, mucho y bueno, vino, patatas, nabos, zanahorias y otras legumbres buenas, y la mejor cosecha de azafrán...; lo mismo sucede en la vecina villa de Camuñas...»* Frases que también se repiten en la mayoría de las poblaciones manchegas, así como en otras Comunidades (Aragón, Valencia, Murcia, sur de Cataluña, Andalucía, Baleares...). Hoy, a las puertas del siglo XXI, la geografía azafranera española ha quedado terriblemente reducida, como podrá ver el lector. Las causas son muchas: posiblemente la aparición de los tintes sintéticos, que la industria química de la Revolución Industrial lanzó al mercado occidental a finales del siglo XIX; hecho que, sin duda, marcó el período de decadencia que seguimos padeciendo, dejando reducida la utilización de esta especia principalmente como aderezo gastronómico —para dar sabor, olor y color a los alimentos—, y en medicina y farmacopea. Pero el problema fundamental hay que buscarlo, además, en la falta de ayuda oficial para este agricultor que, artesanal y cualificadamente, viene desarrollando el largo y arduo proceso de obtención de esta especia. De momento se ha dado un paso importante para frenar la caída de esta legendaria especia, con la creación, en 1998, del Consejo Regulador de la Denominación de Origen «Azafrán de La Mancha», considerado por todos como el mejor del mundo; iniciativa que también debería seguir la otra zona de importancia de nuestro país en cuanto al cultivo del azafrán se refiere: Aragón, localizado principalmente en el fértil Valle del Jiloca (Teruel), en cuya capital de la Mancomunidad: Monreal del Campo, desde 1983, existe el «Museo Monográfico del Azafrán», ejemplar en todos los sentidos, cuya visita recomendamos sin reservas.

Deberíamos de procurar entre todos que el azafrán siga formando parte de nuestra historia, de nuestra cultura, de nuestras tradiciones... Resulta todo un espectáculo contemplar la singular belleza de un azafranal a finales de octubre, cuando la rosa irrumpe en el paisaje manchego, aragonés o valenciano; los campos que la noche anterior ofrecían un aspecto baldío y de color marrón, a la mañana siguiente se muestran cubiertos de vistosas rosas. Es éste el momento esperado por muchas familias de la España azafranera durante todo el año, para la inmediata recogida de estos dones de la naturaleza antes de que cualquier fenómeno atmosférico marchite estas bellas rosas...

A nuestra pregunta a **Ana María Gómez Romero,** directora de Certificación del Consejo Regulador de la Denominación de Origen «Azafrán de La Mancha», sobre qué siente cuando habla del azafrán, ella no dudó en respondernos: *«A mis padres y ancestros, de los que he heredado el color rojo del "clavo de azafrán" de mi sangre, y la pasión que este cultivo me provoca...»*

Entre la historia y la leyenda

Quedó la tierra matizada, y llena
de variedad de plantas y de flores
como el pintado cielo en la serena
noche, de fulgurantes resplandores:
con sus dorados granos la azucena,
y el alhelí con jaspes de colores,
el lirio azul, la maya colorada
y el bermejo azafrán con flor morada.

(Lope de Vega.
«Jerusalén», VIII, I, pág. 350)

El azafrán es, sin duda, la especie más antigua conocida y utilizada por el hombre desde los albores de la humanidad; el cultivo de esta planta está estrechamente relacionado con las más cultas civilizaciones del mundo Oriental, y su descubrimiento en Occidente, por lo tanto, está marcado por los progresivos desplazamientos de los pueblos que, de Este a Oeste, conformaron la secuencia de las culturas de toda la cuenca mediterránea. Por ello, al tratarse de períodos tan amplios de tiempo, y civilizaciones tan numerosas, para facilitar una mayor comprensión del lector sobre la evolución de esta singular planta, admirada y protegida por todas las culturas, hemos establecido un orden más o menos cronológico.

Venecia se convirtió, en los siglos modernos, en la principal entrada al continente europeo del azafrán. (Foto: David Ávila Artero.)

El Antiguo Egipto

Los antiguos egipcios, en sus banquetes, acostumbraban a rodear el borde de sus vasos de vino con guirnaldas de flores de azafrán; en sus procesiones religiosas, acostumbraban a esparcir pétalos de azafrán con otras flores aromáticas. Además de utilizar el azafrán para embalsamar a sus faraones, con lo cual vinculaban esta especie con los poderes del Más Allá, los antiguos egipcios sabían valorar el azafrán por su aroma y agradable sabor, además de proporcionar un excelente tinte, así como infinidad de usos técnicos de la vida doméstica. La flor del azafrán, así como su arduo cultivo y recolección, aparecen reflejados en diferentes grabados pictóricos de tumbas y templos del Alto Nilo.

El Antiguo Testamento

En el libro *El Cantar de los Cantares* («Shir Ha-shirim», en hebreo), un poema de amor francamente erótico, atribuido a **Salomón** (s. XI-X a.C.), y compuesto por éste, al parecer, para celebrar una boda, se destacan las excelencias del azafrán, en todos los sentidos (versos 4-14). La esposa de *El Cantar de los Cantares* (IV, 13-14) se jacta de que su esposo es como un jardín del Edén lleno de deliciosas flores, entre las que cita el *Crocus sativus L.*:

> Tu plantel es un bosquecillo de granados,
> de frutales los más exquisitos,
> de cipreses y de nardos,
> de nardos y azafrán,
> de canela y cinamomo,
> de todos los árboles aromáticos,
> de mirra y de áloe
> y de todos los más selectos balsámicos.

Los hebreos acostumbraban a purificar el agua sagrada con azafrán.

El Próximo Oriente

El nombre de azafrán deriva del persa «*safra*», que significa amarillo. Su origen hay que buscarlo, sin duda, en la península de Anatolia (vocablo de raíz griega que se traduce como: el país por donde el sol nace).

En la antigua Persia, los zapatos de color amarillo-azafranado formaban parte del vestido de los reyes.

Se cree que el croco fue primitivamente cultivado en la región de Cilicia, en una antigua ciudad llamada todavía «Corycos», de donde podría haber tomado su nombre. «Corycos» se corresponde con la legendaria «Korigos», ciudad turca de la provincia de Içel en la costa mediterránea, a sólo 27 km de Silifke; en su litoral es famoso un castillo que ocupa todo el perímetro de un islote (Kiz Kalesi, fortaleza del mar), que, conjuntamente con la necrópolis de «Corycos», en tierra firme, está cargado de mitos y leyendas, algunas de ellas vinculadas a las Cruzadas.

Precisamente al norte de Turquía, en el litoral del mar Negro (Kara Deniz), entre las ciudades de Kastamonu y Zonguldak, se encuentra Safranbolu («ciudad del azafrán»), población de unos 20.000 habitantes, caracterizada por sus antiguas viviendas de madera. Curiosamente, a sólo 45 km se encuentra Amasya, ciudad que viera nacer a **Estrabón**, famoso viajero y geógrafo de la antigüedad.

El monte Imolu, en la antigua Frigia (sector occidental de la península de Anatolia), era célebre por el excelente azafrán que allí se cultivaba. El filósofo griego **Teofrasto** (372-288 a.C.), dedicado al estudio de las ciencias naturales, llegó a decir que el azafrán de Cirene —región de Anatolia, romanizada en el año 155 a.C.— era muy superior al de Grecia. El poeta latino **Virgilio** (70-19 a.C.), autor de la *Eneida*, no cesaba de alabar las excelencias del azafrán procedente de la región de Lydia, concretamente de la zona de los montes Tmolus —actualmente conocidos como Bos-Dagh—, entre las ciudades de Esmirna y Sardes, al oeste de Turquía. También **Estrabón, Varrón, Dioscórides, Columela, Plinio** y otros muchos autores de la antigüedad clásica coincidieron en calificar al azafrán producido en Asia Menor como el mejor de la época.

Los fenicios, en el siglo VIII a.C., al llegar al delta del Ródano (sur de Francia), se sorprendieron al ver la gran cantidad de pescado de roca allí existente, con el cual crearon un singular plato, que sigue formando parte de la gastronomía provenzal, conocido como *Bullabaise*, uno de cuyos ingredientes es el azafrán.

Grecia

La legendaria Hélade, cuna de la Mitología clásica del mundo occidental, tampoco olvidó al azafrán, elevando a esta especia a la máxima dignidad del Olimpo, como podremos ver a continuación.

Según la Mitología griega, el azafrán recibió su nombre de un joven llamado «Croco», transformado posteriormente en esa planta por los dioses. En el siglo IV a.C., **Teofrasto** lo menciona bajo el nombre de «peperri».

Un mito griego narra como el «croco» del azafrán brotó del calor del cuerpo de **Júpiter,** allí donde éste había yacido en compañía de **Juno,** en el monte Ida. Los mitos y la poesía helenísticos revelan una desmedida admiración por el color y el aroma del azafrán.

Otra leyenda griega atribuye el origen de esta planta al dios **Hermes** —divinidad del fuego—, que, habiendo herido de muerte, por descuido, a su amigo Croscos, hizo transformar la sangre que manaba de su cabeza en unas florecillas de vistosos estilos de color rojo.

Hipócrates, el padre de la Medicina, no dudó en incluir al azafrán en sus fórmulas, y **Homero** se refiere a esa especia con el nombre de *«Krokos»* (filamento), además de destacar en su memorable *Iliada* que los héroes y las ninfas iban vestidos con túnicas ceñidas con azafrán. Al autor de la *Odisea* le debemos la expresión: «La mañana tiene color de azafrán.»

Ya en la vida cotidiana, se sabe que los antiguos griegos acostumbraban a esparcir azafrán en sus salas y teatros para perfumarlos; el color azafrán era el de la realeza, puesto que estaba estrechamente relacionado con el color dorado. También los antiguos griegos gustaban de salpicar los bancos de sus teatros con agua perfumada con azafrán, además de esparcir pétalos de esta planta en los suelos de sus comedores de gala, recostándose seguidamente sobre almohadones rellenos de aquéllos. Igualmente trenzaban los crocos de azafrán alrededor del borde de sus copas, porque consideraban que levantaban el ánimo.

Durante los banquetes, los antiguos griegos solían ceñirse coronas de azafrán, por la creencia de que esta especia, además, prevenía la embriaguez. Las mujeres griegas hacían uso del azafrán para teñir vestidos.

Roma

El Imperio romano, la mayor potencia de la antigüedad en el área mediterránea, tampoco olvida su admiración por el azafrán, recogiendo algunas de las creencias y costumbres aprendidas de los griegos, sus grandes maestros, como veremos a continuación.

Los antiguos romanos usaban azafrán en sus baños y, al igual que los griegos, gustaban de recostarse en suntuosos almohadones rellenos de azafrán, en la creencia de que así evitarían la resaca. También, como sus antecesores los griegos, usaron el azafrán contra la embriaguez, pretendiendo retardar las borracheras mediante infusiones de azafrán, que se tomaban segundos antes de entregarse a los placeres del dios Baco, además de considerar a esta especie un poderoso y demostrado afrodisíaco.

Durante el Imperio romano, el azafrán fue muy usado por sus propiedades medicinales, y también por su poder colorante y agradable aroma. Se esparció azafrán en las calles de Roma cuando **Nerón** hizo su entrada triunfal en la capital del Imperio, como era tradicional hacerlo al paso de los emperadores y reyes, siguiendo la creencia ancestral de la alfombra roja como símbolo de la máxima dignidad.

En la época imperial, y quizás debido a su abundante uso en los baños como aroma, el azafrán pasó a ser usado por las heteras (damas cortesanas de elevada condición, mujeres públicas...) como producto de belleza.

Los antiguos romanos preparaban con el azafrán una especie de licor que utilizaban para perfumar teatros y templos. Las mujeres de Roma usaban el azafrán para teñirse el cabello de color oro; costumbre ésta que desaprobaron, tras la llegada del Cristianismo, los padres de la Iglesia. Se llegó incluso a poner azafrán en el agua para beber de los canarios, para que éstos mejoraran el color de su plumaje...

Al invadir Germania, los romanos aprovecharon el clima templado de Renania, para el cultivo del azafrán y los viñedos.

Los poetas latinos **Juvenal**, **Propercio** y **Virgilio** no se cansaban de cantar las virtudes del azafrán, en todos los sentidos. **Lucio Moderato Columela**, en sus *Doce Libros de Agricultura,* hacía especial referencia a la «planta extranjera de azafrán oloroso». Y **Apicius**, en su *Arte Culinario,* incluía el azafrán entre las especies indispensables para sazonar alimentos.

La expresión «morirse de risa» podría derivarse del exceso de consumo de vinoazafranado durante la antigüedad romana, con el cual, además, se regaban los manjares de las escandalosas bacanales que terminaban en sensuales orgías; de ahí el concepto afrodisíaco del azafrán. Su valor fue igualmente simbólico: el solo regalo exigido por **Atila** del emperador **Teodosio** fue el contenido de un frasco de cristal de azafrán.

Mitología

Una planta tan antigua como el azafrán, y tan estrechamente vinculada con la historia y los valores socio-culturales de la humanidad, desde la Edad del Bronce, es fácil suponer que también haya sido objeto de interés divino, elevándola a la categoría sagrada del Olimpo, formando parte de la Mitología de la antigüedad clásica.

El poeta latino **Publio Virgilio Marón** (70-19 a.C.), en su poema pastoril *Geórgicas* (IV, 182); su contemporáneo **Publio Ovidio Nasón** (43 a.C.-10 d.C.), en su inmortal obra *Las metamoforsis* (IV, 283), y también **Norno de Panópolis,**

Vista parcial de la ciudad de Cartago; al fondo la espléndida bahía por donde los barcos romanos introducían en África el cultivo del azafrán. (Foto del autor.)

en sus célebres *Dionisíacas* (XII, 86), coincidieron en describir a **Croco** (Κρόχος) como joven apuesto enamorado locamente de la ninfa **Esmílax,** con la que contrajo matrimonio, y fue tal la ternura e inocencia de aquel amor, que los dioses, en recompensa, transformaron a **Croco** en azafrán —de ahí su nombre: *Crocus sativus L.*—, mientras su esposa quedó metamorfoseada en la planta homónima *(Smilax aspera)*, conocida popularmente como zarzaparrilla

25

europea. Para otros investigadores, **Esmílax** fue transformada en un tejo, la especie arbórea mágica y sagrada de la civilización céltica.

Los siglos medievales

Tras la caída del Imperio romano, los pueblos bárbaros someten a un largo período de oscuridad a todo Occidente. Sin embargo, aún hemos podido encontrar en aquellos tiempos de invasiones testimonios de interés, como el que nos ofrece **San Isidoro de Sevilla** (560-636), quien, en sus célebres *Etimologías,* hace la siguiente descripción: «El azafrán recibe su nombre de una ciudad de Sicilia, llamada Coricio. Es cierto que se cultiva también en otros lugares, pero en ningún otro alcanza la calidad del de esa isla; precisamente tomó el nombre del lugar en el que nace el mejor...»

A partir de la Hégira (622), o huida de **Mahoma**, los árabes crean uno de los mayores Imperios de la historia de la Humanidad, y, desde China a la Península Ibérica, a través de la mítica «Ruta de la Seda», no sólo incentivan el cultivo del azafrán, sino que impulsan su comercio y explotación. Los territorios de Derbeud e Ispahán, en Persia, y de al-Andalus, en España, ya en el siglo X, son un fiel testimonio de ello.

La escuela de Salerno, en la Campania italiana, que gozó del mayor prestigio en la Europa del siglo XII, también alabó las virtudes de esta planta: «El azafrán reconforta, invita a la alegría, fortalece las vísceras y calma el hígado.» Por aquella época, el médico y filósofo judío cordobés **Moisés ben Maimónides** (1135-1204) confirma las propiedades cardiovasculares del azafrán; si bien en dosis altas —recordaba— el consumo de esta especie puede convertirse en depresor del apetito. **Roger Bacon**, el filósofo, teólogo y científico naturalista inglés, franciscano, conocido en París como «magister», autor de la obra *Opus maius* (1265), considerado uno de los grandes sabios de la Europa medieval, dijo: *«El azafrán, es capaz de retardar el envejecimiento.»*

Las especias fueron los primeros objetos del comercio de la Edad Media y, durante muchos años, se convertirían en la principal fuente económica de Oriente y Occidente; las especias —como el azafrán— provocaron la riqueza y esplendor de Venecia, así como la de los demás grandes puertos del Mediterráneo occidental. *«En la Baja Edad Media, el principal centro comercial del azafrán de todo el Mediterráneo fue Venecia»,* sentencia el historiador francés **Henri Pirenne.**

La palabra castellana «azafrán» aparece por primera vez citada en los *Libros del Saber de Astronomía* (1256-1276), así como en otros textos del siglo XIII, relacionados con **Alfonso X** «el Sabio» (1252-1284).

En la Edad Media se acostumbraba a poner «polvo dulce» y azafrán con los puerros y coles, nabos, chirivías y escaravías. El azafrán español no sólo se utilizaba en la Alemania medieval para aderezar alimentos, sino también como colorante y eficaz medicamento.

A principios del siglo XIV, España comienza a exportar azafrán. Los barcos de la corona catalano-aragonesa lo llevan a Nápoles y otros lugares del «Mare Nostrum»; ya entonces el mejor azafrán de todo Occidente se cultivaba en la Península Ibérica. No es una casualidad, por lo tanto, que la influyente comunidad judía de Santa Coloma de Queralt (Tarragona), como puede verse en el Museo Comarcal de la Conca de Barberà (Montblanc), monopolizara el comercio del azafrán a lo largo y ancho de la cuenca mediterránea. Es la especia más valiosa y buscada, de ahí la expresión medieval: *«caro como el azafrán».*

Oriente

Tras la muerte de Siddharta Gautama, o Sakiamuni, mejor conocido como **Buda** (560-480 a.C.), sus discípulos establecieron el azafrán como color oficial en sus túnicas. También azafranado es el color de las vestiduras de los monjes budistas del theravada. En Oriente, el azafrán es el símbolo de la sabiduría y, como tal, forma parte de la mayoría de los ritos budistas.

En el «Valle Feliz» (antiguo Estado de Cachemira), al norte de la India, entre los montes Kuenlun y la región del Punjab, el cultivo del azafrán fue durante mucho tiempo monopolio del rajá, y cuando, en la guerra, este príncipe hindú veía que estaba siendo fatalmente derrotado, se vestía con sus trajes de ceremonia de color azafrán, reunía a su desventurada esposa y al resto de su familia en torno suyo y se entregaban a las brasas de la hoguera.

La marca «*tilak*» que se hacen en la frente en la India, a base de pasta de azafrán, es una señal de gracia, beneficencia y buena suerte. En el Diwali, la fiesta religiosa hindú de la luz, la hermana le pone a su hermano en la frente una

Tras la muerte de Buda, sus discípulos establecieron el azafrán como tonalidad sagrada de sus túnicas. (Foto del autor.)

marca *«tilak»*, recibiendo un regalo a cambio, como el «arroz dorado», adornado con frutas y hojas de plata, costumbre muy extendida entre las familias nobles de la India. Todavía en la India de nuestros días, el azafrán sigue estando presente tanto en los rituales religiosos como en los fogones de las cocinas.

Esta planta fue llevada a Catay (China) por los mongoles, en el siglo XIII, desde Anatolia, a través de la legendaria «Ruta de la Seda». En China todavía se espolvorean con azafrán los vestidos de las visitas, como gesto de bienvenida y hospitalidad.

El Occidente moderno

Artistas como **Cernini**, autor del primer tratado sobre pintura en lengua italiana: *Il Libro dell'Arte*, editado en 1390, y **Leonardo da Vinci** (1452-1519), a modo de alquimistas, llegaron a producir el color verde para sus cuadros con la ayuda del azafrán (del acetato de cobre —color turquesa—, el cual se obtiene al introducir cobre en vinagre, mezclado con azafrán a través de una vieja receta se consigue este color).

El Renacimiento abrió un período de esplendor para el azafrán, pero también jornadas dramáticas, especialmente para las personas que actuaban al margen de la ley, como veremos a continuación.

En Alemania se llegó a crear un comité de inspectores —llamado «Safranschau de Nürenberg»—, destinado a controlar que el azafrán no fuera adulterado. En 1441 se constituía en la citada ciudad, a iniciativa del Ayuntamiento, una llamada «Inspección del Azafrán», encargada de velar por la calidad del mismo; las infracciones de las normas de impureza del azafrán eran muy castigadas con sanciones que, sin juicio previo, llevaban al infractor directamente al patíbulo. Se sabe que en 1444, un habitante de aquella ciudad bávara, **Hans Kobele**, era quemado vivo en la hoguera junto al azafrán que había falsificado. El mismo castigo sufrió otro ciudadano de Nürenberg, **Jobst Findeker**, el lunes posterior a la festividad de San Jacobo (23 de junio); su esposa, además, tuvo que jurar que se iría a vivir al otro lado del Rhin. Cuatro años más tarde, en 1448, en la ciudad italiana de Verona se intervenía una importante partida de azafrán español procedente de La Mancha, con destino a los mercados de Alemania, valorada en 10.000 ducados («ducato», moneda de oro acuñada en Venecia, a partir de 1248, con un peso de 3,60 g, y que lleva como símbolo un dogo arrodillado, de donde procede su nombre); el contrabando de azafrán estuvo muy perseguido y severamente castigado en la Europa del otoño medieval.

A pesar de los severísimos castigos aplicados, el azafrán seguía siendo objeto de adulteraciones; por tal motivo, en 1551, el concejo de la ciudad de Nuremberg se dirigió a la Dieta Imperial de Augsburgo y a **Carlos V** —emperador de alemanes y españoles— y amenazó con boicotear el comercio del azafrán, lo que, indudablemente, también hubiera perjudicado a nuestro país. Nuremberg no tardó en recibir de Augsburgo una respuesta satisfactoria: *«Así... disponemos que, a partir de la fecha, no se les está permitido a los comerciantes traer, ofrecer o vender, dentro de la Nación alemana, el tal azafrán falsificado...»*

Durante el Renacimiento, se puso muy de moda dar un color amarillo a los alimentos, con el empleo de esta especie, además de cubrir literalmente los manjares con una «salsa amarilla», elaborada a base de azafrán. El empleo del azafrán se recoge en los antiguos recetarios *Libros de Guisados*, de **Ruperto de Nola,** del año 1525. Siendo a partir de entonces cuando el azafrán comienza su mayor apogeo, porque su uso, además de la gastronomía, alcanza un destacado papel en el mundo de la medicina. Se sabe que a un discípulo del maestro **Valerio de Flandes,** diseñador de las vidrieras del Duomo de Milán, los tratadistas lombardos de la historia de la gastronomía le atribuyen el haber incorporado azafrán al arroz por primera vez en 1574.

Laguna, el médico de la corte del emperador **Carlos V** (1500-1558), señalaba que el azafrán era conocido en toda España, tanto por sus propiedades médicas como gastronómicas.

El filósofo y político inglés **Francis Bacon** (1561-1626), en su obra *History of*

Life and death señala que los ingleses se convierten en gente divertida con el uso generoso del azafrán en dulces y caldos.

Martínez Montino, en su libro *Arte de Cocina, Pastelería, Vicochería y Conservería,* editado en 1611, hace especial referencia al azafrán, como especia fundamental tanto en la gastronomía como en la repostería.

Lope de Vega, en su comedia *El abanillo*, escrita en 1615, tras reconocer la falta de ríos y aguas en la geografía española, respecto de la francesa, destaca algunas de las singularidades de nuestra tierra:

> Su riqueza es vino, pan,
> cera, azúcar, sedas, lana,
> azafrán, aceite, miel,
> frutas que su campo esmaltan...

William Westmacott, en su obra *Theolobotonología* (1694), reflejaba así el mundo del azafrán en la Inglaterra de finales del siglo XVII: *«La recolección de azafrán en el Cambridgeshire, en Suffolk y en Saffron Walden (Essex), ocupa a muchos trabajadores. Una vez realizada, es secado cuidadosamente, operación que puede realizarse en un pequeño horno hecho de arcilla, con un pequeño fuego; y tres libras del mismo, húmedo, suelen dar una libra de seco.»*

«Hierbas aromáticas, pimientos rojos, mejillones, azafrán, lenguado, cebollas, ajo, gardón y lencisco...; todo esto puedes comer en "Terres Tavern", en ese plato único que se llama Bullabaise», escribía el novelista inglés, nacido en la India, **William de Thackeray** (1811-1863), en su célebre obra *Balada de la Bullabaise.*

«Misir Carsisi», el mercado de las especias

El Bazar de las Especias, *Misir Carsisi,* conocido también popularmente como «Bazar Egipcio», por la antigua costumbre de atribuirse al país de las pirámides todo lo exótico, es el mercado cubierto que se encuentra inmediatamente detrás de la Mezquita Nueva (Yeni Camii), y delante mismo del Gran Bazar *(Kapali Carsi),* de Estambul.

Se trata de una fundación piadosa del siglo XVII, de la sultana **Hatice Tarhan Sultane,** madre de **Mehmet IV;** en su interior se encuentran más de un centenar de almacenes dedicados todos ellos a la venta de plantas silvestres y, al mismo tiempo, a la elaboración de toda clase de medicamentos naturales, o aderezos gastronómicos, siempre necesarios.

Los más diversos perfumes y plantas que se venden en el Bazar de las Especias, *Misir Carsisi,* mantienen viva la tradición del legendario mercado del imperio otomano, cuyas fronteras se delimitaban entre los cálidos y secos desiertos de Arabia y los verdes y húmedos valles y llanuras del este de Europa. Todos los productos naturales que la mente humana puede imaginar —merecedores de un viaje al reino de las fragancias—, típicos de culturas y climas tan dispares, tenían aquí en el corazón comercial de Istanbul (Estambul) su espacio correspondiente.

Este interesante Bazar fue edificado en 1660, según ordenó la sultana madre de **Mehmet IV** (1648-1687). Su arquitecto fue **Kasin Aga,** artífice de la monumental mezquita que se halla junto al mercado de las especias y frente al puente del Gálata (Galata Koprosu), la Mezquita Nueva (Yeni Camii).

Este noble bazar de las especias tiene planta en forma de «L», envolviendo el exterior de la citada mezquita, y se convierte en un anexo de la misma. Dos puertas grandiosas permiten el acceso al interior del *Misir Carsisi,* y una vez dentro, observamos que las galerías son algo más elevadas que las del Gran Bazar *(Kapali Carsi)*; en contrapartida, con el fin de darle al conjunto un carácter monumental, sus entradas fueron abiertas sobre un nivel relativamente bajo en relación al plano del suelo. Una simple dependencia separa este concurrido mercado de la Yeni Camii. La sultana **Hatice Tarhan** observó las características de este lugar, envidiable encrucijada para fomentar el comercio en un marco excepcional, en el extremo de la península que crea el Cuerno de Oro (Haliç), en su confluencia con los mares: el Mármara y el Bósforo; enfrente mismo, la soberbia torre del Gálata, en el centro del legendario barrio de Beyoglu, mejor conocido como de Péra —de ahí la expresión «eran la pera»—, porque, durante el imperio otomano, se convirtió en el centro social y económico de Estambul.

La zona en donde se levanta el Bazar de las Especias, conocida como barrio de Eminönü, ya fue utilizada para este mismo fin durante el imperio bizantino. La puerta de Néorión, que los bizantinos habían destinado como residencia y actividad comercial de los venecianos, se ubicaba en el mismo lugar donde los otomanos, a mediados del siglo XV, se instalaron siguiendo la misma finalidad

El «Misir Carsisi» de Estambul sigue siendo el principal mercado de especias del mundo. (Foto del autor.)

comercial que las culturas anteriores, aunque adaptándolo poco a poco a lo que, 200 años después, sería el *Misir Carsisi*.

El Bazar de las Especias tiene la particularidad de llevar al viajero al imperio de las sensaciones, bajo el agradable perfume de romero, tomillo, alcaraveas, canelas, lavanda, hierbabuena, jazmín, azafrán fresco, eucaliptus, manzanilla, menta seca, esencias del Indo, jengibre, sulfuro de antimonio, cola arábiga, alcanfor, pimienta, quina, almizcle de Arabia, flor de cardo y miles de productos naturales más, recién traídos todos ellos de apartados lugares de Asia y África, que llegan hasta la antigua capital turca por barco.

En la actualidad, resulta todo un espectáculo observar este trabajo de carga y descarga, y ver cómo los críos se agolpan al borde mismo del muelle, esperando que se descuide una bolsa o saca para abrirla y meter la nariz. Resulta chocante encontrar en un mismo lugar tantísimos productos naturales, cuyo valor no radica únicamente en la fragancia que proporciona a todos los ambientes, sino en las propiedades terapéuticas que contienen —la homeopatía, como sabemos, alcanza grandes éxitos médicos a partir de estos medios naturales—, sin olvidarnos de los condimentos utilizados en las comidas, sin los cuales no podríamos completar un plato, y en el caso del azafrán, además, las singulares propiedades para teñir.

Este singular mercado, que a excepción del lunes está abierto todos los días de la semana, incluso el domingo, es uno de los lugares más emblemáticos de la ciudad más legendaria de Oriente y Occidente. Además, por su excelente ubicación, en el mismo centro del barrio de Eminönü, en el corazón del más antiguo núcleo urbano de esta ciudad, la única del mundo que ha sido capital de tres imperios: Romano de Oriente, Bizantino y Otomano; y centro neurálgico de las más importantes civilizaciones de la historia de la humanidad.

Un color sensual

La tonalidad azafranada también forma parte del paisaje mediterráneo —tanto europeo como africano—, especialmente de las poblaciones del litoral provenzal, y, sobre todo, de Italia.

Al recorrer los puertos de la Costa Azul, desde Martigues a Niza, llamará la atención del viajero la riqueza de tonalidades cálidas que extasían los sentidos (rosados, anaranjados, salmonados, azafranados...). El cromatismo salmón, que los italianos llaman «sardo» (procedente de Cerdeña), no es otra cosa, en realidad, que una variedad de azafrán. Algunos historiadores aseguran que esta riqueza de colorido, que armoniza plenamente con la transparente luz provenzal, y también con los mágicos espacios naturales de esta región de mitos y leyendas, encrucijada de civilizaciones a lo largo de los tiempos, se remonta al siglo XVI, cuando la flota otomana, en tiempos de **Solimán II** «el Magnífico», acosó los puertos del sur de Francia; pero, paradójicamente, los invasores también aportaron algunos elementos socio-culturales que aún siguen vivos; tal es el caso de la *«socca»* una variedad de pan, elaborada a base de harina de garbanzo, que ya forma parte de las tradiciones gastronómicas de la ciudad de Niza. En cuanto a las fachadas «sardas» (azafranadas), resulta todo un espectáculo visual contemplar los cascos antiguos de estas ciudades y pueblos, y cómo sus policromas fachadas se duplican en las aguas del puerto; pero espere a los rayos del crepúsculo, porque el espectáculo resulta todavía más impresionante.

El azafrán se asocia con bienes y alegrías del espíritu. (Foto: Francesca Torre.)

Estos tonos también se repiten en buena parte de Italia, especialmente en las poblaciones del litoral, o próximas a él; por lo que muy bien podrían estar relacionadas con influencias importadas, o llegadas a ese país por las culturas que, desde la antigüedad, utilizaron el «Mare Nostrum» como principal vía de comunicación. El escritor **Mauricio Wiesenthal**, en sus notas de viaje, así nos describe a la Ciudad Eterna: *«A la Piazza Navona se llega atravesando el corazón de Roma, por un laberinto de calles estrechas que tiene el color especial de las casas romanas: ese tono dorado que es como reflejo del sol poniente y que cambia sutilmente del rosa al azafrán, del ocre al amarillo.»*

Una flor esotérica

«La "rosa", con estigmas floridos en rojo vivo, ocho, como símbolos de los ocho dones valorados desde el Sermón de la Montaña, impregnaría el alfoz del almenado fuerte consaburense, desde Algodor al Guadiana y desde Criptana a los puertos allende Las Guadalerzas.»

Pedro Guerrero Ventas

El azafrán es la única especie vegetal que, en su floración, muestra los tres colores básicos: amarillo, azul y rojo; símbolos del orden, la energía y la fuerza, respectivamente.

De su ovario triangular —figura geométrica alusiva a la Creación— brotan tres estambres y su estigma rojo-anaranjado, color del señor de los sueños, se divide también en tres partes; lo que nos lleva a otra relación esotérica por excelencia: el tres: Número que sirve de fundamento a numerosas concepciones sistemáticas y de ordenación: el Cristianismo tiene tres virtudes teologales: fe, esperanza y caridad; la alquimia, los tres elementos: azufre, sal y mercurio; muchas religiones giran alrededor de tríadas, así en Egipto: Isis, Osiris y Horus; como en la India: Brahma, Visnú y Siva. Además de un tanto cerrado en sí mismo; en los cuentos populares suele aparecer el 3 como número de las pruebas a superar, los enigmas a resolver, etc. También el azafrán tiene al número 4 como referencia, por su estrecha relación con los cuatro elementos

El rey y la reina unidos en un solo cuerpo —una representación de la doctrina alquimista de las dos oposiciones—; el dragón representa la unión y la estrella de seis puntas simboliza la piedra filosofal. Los siete soles, abajo, a la izquierda, con los rostros bronceados de azafrán (1578).

37

(agua, aire, fuego y tierra), como ya evidenciaron los alquimistas medievales y modernos.

Es la materia del arte llevada, por cocción, al color azafranado.

Los químicos herméticos (alquimistas) han llamado en ocasiones «Crocus» (azafrán) a su materia fijada al rojo anaranjada.

En el leguaje de las flores, el azafrán significa: «no abuses», o «cuidado con los excesos».

El bulbo se planta en Géminis y florece en Libra, lo que refuerza su condición astral afín al sueño de amor; sin embargo, el azafrán hace abrigar temores sobre el despertar, ya que esta mágica flor de vida efímera está relacionada con sueños dulces y, al mismo tiempo, amargos despertares. Por lo tanto, soñar con azafrán es una premonición de amor, pero también de amargura y desilusión.

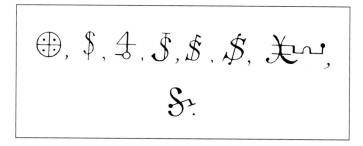

*La palabra azafrán reflejada en diferentes símbolos alquimísticos alemanes del siglo XVII (según el profesor **Martín Börnchen**). El azafrán (safrán, en alemán) está relacionado con el número 4, los cuatro elementos (agua, aire, fuego y tierra).*

El colorante amarillo que se obtenía de la flor simboliza la luz y la majestad; de ahí la frecuente coloración azafranada de la indumentaria de dioses y reyes, que coincide con la exclusiva tonalidad de las túnicas de los monjes budistas, y, por qué no, de la túnica sagrada de Jesucristo. **Dioscórides**, médico y naturalista griego de la época de **Nerón,** ya atribuyó al azafrán propiedades mágico curativas.

La coloración dorada de su pistilo hizo del azafrán ocasional símbolo del oro de las escrituras cristianas y, por lo tanto, de la virtud más alta: la caridad.

Paracelso (1493-1591) en su *Botánica Oculta* reconocía las ventajas del azafrán con fines medicinales, hechizos y perfumes mágicos.

El azafrán es una planta que, por su color dorado, está dedicada al sol.

Tradicionalmente se asocia el azafrán con los bienes y alegría que van seguidos de dolor y pesadumbre. Por ello, cuando en nuestros sueños aparece el azafrán, supone una advertencia para que vigilemos que nuestro bienestar y satisfacción no nos hagan olvidar cuestiones más importantes, como la sabiduría y el verdadero bien y, luego, terminemos llorando.

Según **Gilberto de Horland** († 1172), el azafrán áureo y brillante se refiere a la sabiduría.

La sabiduría popular

«Por Santa Teresa,

la rosa en la mesa.»

El azafrán es una planta que, por sus singulares características, desde la antigüedad ha formado parte de los pueblos más civilizados de la historia de la Humanidad, tanto de Oriente como de Occidente. Sus virtudes y prestaciones han quedado recogidas, en gran parte, en libros —desde el Antiguo Testamento, hasta las más modestas anotaciones—, o bien, a través de una cultura popular, se han transmitido oralmente de generación en generación. A continuación queremos facilitar al lector diferentes máximas recogidas, en forma de adivinanzas, canciones, proverbios, refranes...; algunas de las cuales, como hemos tenido la satisfacción de comprobar personalmente, siguen siendo útiles, incluso, para seguir las ancestrales normas empíricas de la ciencia agraria, que tanto dependen del calendario y de la climatología, o bien conocer mejor las pautas de comportamiento de una sociedad, en un momento determinado de la historia, oyendo las nostálgicas canciones, y ese saber popular en donde la gastronomía también tiene su papel esencial; tema, este último, que se analiza —conjuntamente con la repostería— ampliamente en otro capítulo de este libro.

La voz —callada a veces— de la experiencia. (Foto: Francesca Torre.)

Una gran cultura se ha gestado en torno a la mesa camilla durante la «monda» del azafrán. (Foto: Francesca Torre.)

Adivinanzas

En el tiempo de la siembra,
cuando el labrador descansa,
de media noche «pa lante»,
ha nacido una doncella.
Entre cinco la cogieron,
entre diez la despedazan
y la embarcan para fuera
porque no cabe en España.

Allá a mitad del otoño.
Cuando el labrador descansa.
Sale una dama en el campo.
Que es la que enamora el alba.
Cinco galanes la prenden.
Entre diez la despedazan.
La queman a fuego lento.
Y la llevan a las Indias.
Para socorrer a España.

Cuando llega Octubre, los niños
juegan a las adivinanzas:
En aquel dichoso mes, cuando
el labrador descansa,
los trojes llenos de harina y de
vino las tinajas,
al nacer el alba sale una hermosa gallarda.
Cinco galanes la cogen, entre
diez la desnudan.
La ponen sobre una mesa, junto
a un fraile sin mangas.
La someten al fuego lento y su
condición cambia.

Hay una flor en el campo
que nace al brillar el alba.
Cinco galanes la cogen,
se la llevan a su casa.
La ponen sobre una mesa,

entre diez la despedazan.
La queman a fuego lento
y la dama ya descansa.
Se la llevan a las Indias
para remedio de España.

(Canción popular originaria de la localidad de Monreal del Campo, Teruel)

Canciones

Moza que de mañana y muy temprano
vas a coger la rosa y el viento frío
hiela tus manos
que las esbrinadoras van entonando este cantar
con aroma de las flores
que se cría el azafrán
perfumarán los altares
de la Virgen del Pilar
y el que tenga una viña
junto a un azafrán
no necesita cesta
para vendimiar
que las esbrinadoras
cuando al campo van
de racimo en racimo
las vendimiarán.

(Jota aragonesa, con música, dedicada al azafrán)

La rosa del azafrán
se viste de colorado,
así se vistió mi amante,
cuando vino de soldado.

A coger azafrán
van las hermosas
en la cama se quedan
las perezosas.

Por los caminos de Herencia
sus mozas vienen y van,
con sus cestas en la mano
transportando el azafrán.
(estribillo)
Qué bonitos los campos
sembrados de azafrán,
con sus lindos colores
qué bonitos que están,
qué bonitos están,
qué bonitos lo son,
de los frutos manchegos
es el de más valor.
Mi novio llega a mi puerta
y me dice sal hermosa,
y yo le digo que no
que tengo que mondar rosa.
(estribillo)
Yo tengo un novio moreno

de los que quita el sentido,
conmigo viene a la suerte
y monda al ladito mío.
(estribillo)
El azafrán vale mucho
y por él hay que luchar,
todo el día estoy cogiendo
y por la noche a mondar.
(estribillo)
Ayer me dijo mi madre
que rosa debo mondar,
y con ese dinerito
pues ya me puedo casar.
(estribillo)
Allá va la despedida
el corazón se me ensancha
viva Herencia que es mi pueblo
en un lugar de La Mancha.

(«Jota del Azafrán», que sigue cantándose en tierras manchegas, originaria de la localidad de Herencia, Ciudad Real)

Por los caminos del pueblo
las mozas vienen y van
con las cestas en la mano
cogiendo el azafrán
(estribillo)
Mi novio llega a mi puerta
y me dice sal hermosa

y yo le digo que no
que tengo que mondar rosa.
(estribillo)
Ayer me decía mi madre
que rosa debo mondar
y con ese dinerito
que ya me puedo casar
(estribillo)
Yo tengo un novio moreno
de los que quitan el sentido
conmigo viene a la suerte
y monda al ladito mío.
(estribillo)
El azafrán vale mucho
y por ello hay que luchar
por el día estoy cogiendo
y por la noche a mondar.
(estribillo)
Os echo la despedida
y el corazón se me ensancha
viva el pueblo de Madridejos
en el centro de La Mancha.
(estribillo)
Qué bonitos los campos
qué preciosos están
con sus hermosos colores
sembrados de azafrán,
sembrados de azafrán, qué
bonito color
de sus frutos manchegos
es el de más valor.

(«Jota de la Rosa del Azafrán», que se canta en la localidad de Madridejos, Toledo)

Poesías

«¿Cómo vive esa rosa que has prendido
junto a tu corazón?
Nunca hasta ahora contemplé en la tierra
sobre el volcán la flor»

(**Gustavo Adolfo Bécquer** (1836-1870), *Rimas*)

Cuando siento su fragancia
a finales de octubre
toda la infancia, toda,
se me vuelca en las manos;
esas manos de niña laboriosa
familiarizada con el frescor
morado de sus hojas
digamos desde siempre.
Era como el olor a pan de cada día,
como su paladar cada comida,
la rosa desbordó mi mesa
cada noche tras Santa Teresa
hasta que el frío prohibía
su elegancia otoñal sobre mi tierra.
Digo rosa de octubre
y desde el alma un regusto
de vida y de añoranza
provoca en mi corazón viejos latidos.
Mi infancia es el refugio
más cálido y hermoso
que he encontrado.
Mi infancia es una mesa
rebosante de rosas
que reclamaban manos,

manos para la monda,
las manos más queridas
que he encontrado.
Cada año cuando me dispongo
de nuevo a la faena
les presiento a todos sentados a mi lado
con el recuerdo de su voz amable
y el calor otoñal de su regazo.
Les añoro cada mes de octubre
mes acogedor de mis vivencias,
les añoro en tantas ocasiones
que la vida precisa del consejo
sabio y protector de la experiencia.

(«Octubre de azafrán y de vivencias». Anónimo)

Como mariposas malvas
de un otoñal de Oriente,
igual que trémulo manto
perfuman llamando al sol.
Apenas asoma el alba
el perfil de las roseras,
entre reverencia y cantos
van a espinzar su sabor.
¡Oh, insigne hebra de oro!
que tiñes vicio y virtudes,
que la anaranjada Selene
te regale su color,
que tus pétalos de estrella
bailen todas las danzas,
avigora a mi mente
y fortifica su corazón.

Refranes

Si azafrán quieres coger
en marzo tiene que llover.

Lluvia en agosto,
azafrán, miel y mosto.

La rosa del azafrán
florece una vez al año
si quieres cogerla bien
hay que cogerla temprano.

Onza de azafrán
onza de oro.

La rosa del azafrán
tiene trabajo de sobra,
se coge con el sol
y se monda con la sombra.

Más vale coger la rosa temprana y florida
que no cogerla tarde y chuchurrida.

La rosa del azafrán
es una flor muy lozana.
Se esconde al atardecer
y sale por la mañana.

La rosa del azafrán es una flor arrogante,
que nace al salir el sol y muere al caer la tarde.

(Fragmento de la zarzuela *La rosa del azafrán*)

Por San Lucas
azafrán a «pellucas».
Para Todos los Santos,
los campos blancos.

Azafrán de noche
y candil de día, bobería.

Cuando vas de mañanica,
a coger el azafrán
quisiera ser la «rosada»
para poderte besar.

La rosa del azafrán
se viste de color morado,
las lengüetas de amarillo
y el corazón colorado.

Fuente de salud

«El uso moderado de azafrán es bueno para la cabeza, y hace a los sentidos más agudos y vivos, sacude la pesadez de cabeza y la somnolencia y vuelve alegre a uno.»

Gérard

El azafrán, por sus singulares características y composiciones químicas, durante muchos siglos fue considerado el elixir de la vida.

La cualidades del azafrán *(Crocus sativus L.)* para la salud del ser humano son infinitas y demostradas; entre las cuales es preciso destacar su carácter *tónico* (estimulante del apetito); *eupéctico* (favorece la digestión); *sedante* (combate la tos y bronquitis, mitiga los cólicos y el insomnio, calma el desasosiego infantil, especialmente en los problemas de la dentición, frotando las encías con infusión); *carminativo* (favorece la expulsión de gases acumulados); *emenagogo* (favorece la menstruación), es abortivo... Además, se le atribuye una acción sobre el útero; en ocasiones ha sido recetado el azafrán por los médicos en los casos de las reglas dolorosas, y también en los prolongados retrasos de menstruación; igualmente resulta del todo eficaz el azafrán para combatir los trastornos nerviosos y espasmódicos. En Hispanoamérica el azafrán también se toma para combatir el asma, la tos convulsiva y la histeria y se ponen cataplasma de la misma hierba para las almorranas.

Los médicos judíos de la Edad Media utilizaron el azafrán en numerosas recetas. En la foto, médico de la época de Maimónides. (Foto del autor.)

Un medicamento con historia

El uso de azafrán como remedio contra numerosos males y enfermedades también hay que buscarlo en la antigüedad clásica, coincidiendo con el nacimiento de la ciencia médica occidental. Según **Hipócrates** (469-399 a.C.), considerado el Padre de la Medicina, el azafrán posee calor en segundo grado y sequedad en el primero, y mezclado con adormidera y aceite de rosas eliminaba las cefaleas. **Teofrasto** (372-288 a.C.), autor de *Caracteres éticos.* **Dioscórides,** médico griego del s. I d.C., dedicó gran parte de su vida al estudio del azafrán; sobre esta legendaria especia dijo lo siguiente: *«Es excelente cordial, fortifica el corazón y los espíritus vitales, resiste la putrefacción y es eficaz para todas las enfermedades contagiosas y malignas, calenturas, petequiales y viruelas; quita las obstrucciones del hígado y bazo, preserva los pulmones de la pituita demasiado crasa, dulcifica las serosidades acres e irritantes, apacigua la tos y se usa para la dificultad de respirar y alivia algo a los tísicos; remedia muchas enfermedades de la matriz, provoca menstruos y coadyuva maravillosamente a los partos difíciles, dándo éxito al feto.»* Y amplía: *«Mézclase en los brebajes compuestos para fortificar las partes internas , y en las colas y emplastros que se ordenan para las indisposiciones del sieso y de la naturaleza de la mujer. Estimula el azafrán a la lujuria, y aplicado en forma de emplastro mitiga aquellas inflamaciones que tienen algo del fuego de San Antón, y es útil a los apostemas de los oídos. Para que más fácilmente se muela conviene secarlo al sol o en algún sitio caliente, meneándole muy de prisa. Sus raíces, bebidas con vino paso, provocan la orina.»* También a **Dioscórides** le debemos la siguiente definición sobre las virtudes de esta planta: *«El azafrán perfectísimo para el uso de medicina es el coríceo, el fresco, el de buen color, el que tiene poco de blanco en las hebras, el luengo, el entero, el que difícilmente se desmenuza, el no graso, el lleno, el que mojado tiñe las manos, el que ni hiede a moho ni ha sido de carcoma tentado, finalmente, el que da de sí un olor agudo y suave.»* Y **Galeno** (129-199 d.C.), el médico de Pérgamo, especializado en neurología, también atribuyó al azafrán innumerables propiedades medicinales, que no dudó en aplicar a sus propios pacientes. **Tésalo,** otro médico griego de la antigüedad, llegó a decir: *«La virtud del azafrán es madurativa, modificativa y algún tanto atípica. Provoca,* *además, la orina, y confiere un buen color al rostro. Bebido con vino, impide la borrachez, e instalado con leche humana en los ojos reprime el humor que de ellos destila.»* Desde tiempos remotos se le atribuyen al azafrán propiedades contra la sífilis, y en tal concepto se vino empleando en medicina popular, en toda la Europa mediterránea, hasta hace pocos años.

Ya en la Edad Media, el médico y filósofo cordobés **Moisés ben Maimónides** (1135-1204), valoró las propiedades cardiovasculares del azafrán, si bien —puntualizaba— ingerido en grandes dosis puede hacer perder el apetito...

Antigua receta de farmacia alemana del año 1670, en donde se especifican los diferentes ingredientes del «Vinum crocatum», un medicamento de la época que podríamos traducir como «vino de azafrán».

Las sábanas teñidas con azafrán fortalecían los miembros de las personas que dormían en ellas, cuenta una antigua tradición irlandesa.

Por asociación con el color amarillo se estimaba que el azafrán curaba la ictericia (síndrome producido por un aumento patológico de la tasa de bilirrubina en la sangre y que se caracteriza por la pigmentación amarilla de la piel y las mucosas), y era una de las especias que se ponían en la mascarilla que ocultaba el rostro en tiempos de peste.

Laguna, a mediados del siglo XVI, llegó a decir: *«Es opinión generalizada que el azafrán colocado sobre el estómago del paciente en el interior de un saquillo, hace que el enfermo no padezca de vértigos; sin embargo, bebido en gran cantidad con vino, despacha...; los pacientes mueren riendo.»*

El azafrán era uno de los 193 remedios naturales utilizados por los médicos valencianos, durante los siglos XVI y XVII, para curar enfermedades, según **LL. Alpera.** Según **Teixidor,** en el País Valenciano espolvorean las úlceras con planta de azafrán, reducida a polvo muy fino, acelerando su cicatrización.

A principios del siglo XIX, en Poplar, barrio al este de Londres, un inspector médico confirmó la creencia generalizada de que dar una infusión de azafrán con brandy sanaba radicalmente el sarampión.

Antonio Mallo Sánchez, en su *Tratado de Materia Farmacéutica Vegetal,* del año 1867, destaca lo siguiente: *«Sus usos como medicamento son sabidos de todo el mundo. Como material medicamentoso entra en muchas preparaciones importantes, tales como el láudano líquido, la confección de azafrán compuesta, elixir de Garus, píldoras de Füller, de Morton, etc. etc. En dosis cortas actúa como estimulante y antiespasmódico, pero en mayor cantidad determina fenómenos análogos a los de la embriaguez, y según algunos hasta congestión cerebral.»*

Gérard, vuelve a hacer especial referencia a las virtudes terapéuticas de esta singular especia: *«El azafrán es también un remedio tan especial para los que sufren de tisis y están, como solemos decir, a las puertas de la muerte y casi sin respiración, que les devuelve el aliento y les prolonga la vida unos cuantos días más.»* El *Crocus sativus L.* es, además, una planta diurética y, según la tradición popular, ataca toda clase de cálculos del organismo; en algunas comarcas catalanas se sigue empleando azafrán contra el mal de Piedra; se prepara un condimento al 2 o 3 por ciento y se toma una taza todas las mañanas en ayunas.

«Una infusión de azafrán alegra el ánimo», dice un proverbio inglés del siglo XVI. Y otro, de la misma época, también procedente de la zona de Saffron Walden (Essex), para definir al tipo alegre y divertido, sentencia: *«Dormido en una bolsa de azafrán.»*

Sin embargo, el abuso en su consumo resulta peligroso. Un antiguo proverbio inglés dice: *«Siembra azafrán y sale acónito»,* evocando las inesperadas consecuencias que podían derivarse si se abusaba de esta especia.

El médico judío Maimónides confirmó las propiedades cardiovasculares del azafrán. (Foto del autor.)

A dosis muy alta, al azafrán se le considera dotado de propiedades abortivas. Un exceso de azafrán puede causar locura y terribles dolores de cabeza; sin embargo, un poco es estimulante. **Culpeper,** médico inglés del siglo XVII, escribió: «*El empleo del azafrán debe ser moderado y oportuno, pues cuando la dosis es demasiado alta, produce pesadez de cabeza y somnolencia, y algunos han caído en una risa convulsiva inmoderada que terminaba con la muerte.*»

Por ello, es preciso destacar la siguiente información sobre su consumo: hasta el momento, la dosis diaria máxima de azafrán está establecida en 1,5 gramos, en la cual no hay ningún riesgo; la abortiva está situada en los 10 gramos diarios, y la letal está establecida en los 20 gramos diarios.

En medicina popular, el azafrán se usa a veces como sedante, espasmolítico y estomacal, así como para combatir el asma.

La tintura de azafrán aún se usa medicinalmente como remedio gástrico e intestinal. Y, como dato curioso, en medicina se está volviendo a utilizar el azafrán como tinte para pastillas.

Interés farmacológico

A nivel farmacológico, el azafrán no es menos interesante. Del libro: *Medicamenta. Guía práctica para farmacéuticos, médicos y veterinarios*, de **Enrique Soler y Batlle,** editado en Madrid en 1929, extraemos las siguientes recetas, en donde participa el azafrán:

— «Colutorio» (para fricciones en las encías, especialmente indicado en las denticiones penosas y dolorosas).

— «Elixir de Garus» (de Hager), que aún puede encontrarse, sobre todo en las Farmacias Militares de nuestro país.

— «Emplasto oxicroceo» (se funden en baño maría la cera, la colofonia y el elemí; se disuelven aparte el gálbano, la goma, amoníaco y la mirra en la trementina, y se añaden, por último, el azafrán y el extracto de ratinia, desleídos en alcohol diluido).

— «Píldoras emenagogas», que llevan azafrán pulverizado.

— «Jarabe de azafrán».

— «Vino emenagogo».

Del mismo autor, es la obra: *Farmacopea Oficial Española*, editada en Madrid en 1926; en cuyo interior también encontramos recetas elaboradas con azafrán; entre las cuales destacamos las siguientes:

— «Electuario teriacal» *(Electuarium theriacale)*. Su acción terapéutica es antiespasmódica, tónica y calmante.

— «Emplasto de Vigo con Mercurio» *(Emplastrum ex Vigo cum hidrargyro)*. Su acción terapéutica es astringente y resolutiva. Usado especialmente en los infartos ganglionares sifilíticos.

— «Óxido férrico» *(Oxydumferricum)*. Su acción terapéutica es reconstituyente.

— «Píldoras balsámicas» *(Pilulae balsamicae)*. Su acción terapéutica es expectorante y modificadora de las flegmasías de las mucosas con aumento de secreción.

— «Píldoras de Cinoglosa» *(Pilulae cynoglossi)*. Su acción terapéutica es calmante y antiespasmódica. Empleadas especialmente en la tos espasmódica.

— «Tintura alcohólica de azafrán» *(Tinctura alcoholica crci.)*. Su acción terapéutica es excitante, antiespasmódica y emenagoga.

— «Tintura alcohólica de opio jabonosa» *(Tintura alcohólica oppi saponacea)*. Su acción terapéutica es calmante y resolutiva.

— «Vinagre de opio compuesto» *(Acetum opii compositum)*. Su acción terapéutica es anodina, tónica y astringente.

— «Vino de opio compuesto» *(Vinum opii compositum)*. Su acción terapéutica es calmante, estimulante y astringente.

El azafrán interviene en la preparación del láudano de Sydenham, de cuyo color es responsable.

Los naturalistas administran azafrán en forma simple, como planta suelta (estigma), polvo capsulado (0,50 a 1 g diario) y tintura, para uso interno en caso de astenia, dispepsias, meteorismo, amenorrea, gingivitis, hiperlidemias, etc. La tintura se utiliza para la fricción en encías.

La utilización actual en la Medicina ha quedado reducida al campo de la Homeopatía, en la que se utiliza para combatir la tos con expectoraciones y presencia de sangre, en la menstruación con coágulos y para neutralizar algunas otras dolencias esporádicamente.

XXXV Fiesta de la Rosa del Azafrán

Consuegra, 24 - 26 Octubre 1997.

DECLARADA DE INTERÉS TURÍSTICO NACIONAL

Curiosidades

*«La hora mejor de ir a buscar y coger las rosas es por la mañana;
las llevan a casa en cestas y luego se les quita el azafrán antes de
que la rosa se marchite, lo cual sucede muy presto, por ser delica-
dísimas.»*

Antonio Ponz

Destacamos a continuación algunas curiosidades que hemos encontrado en
nuestra labor de descubrimiento de los diferentes aspectos relacionados con
esta legendaria planta, las cuales consideramos de interés para el lector.

- Hacen falta más de 250.000 flores para conseguir un kilogramo de azafrán;
flores que tiene un tamaño de unos 10 centímetros como máximo y que
nacen a ras del suelo, y se recogen manualmente; después es necesario tra-
tarlas, una a una, para extraer de las rosas los estigmas (operación conocida como «monda»).

- Si se pone un poco de azafrán en la palma izquierda de la mano —dice la
tradición popular manchega— actúa como estimulante directo del corazón a través de la piel y el sistema circulatorio.

- La mujeres embarazadas, está demostrado, no deben asistir a las recolecciones del azafrán, porque pueden ser afectadas por los efluvios y elixir de
la flor, e incluso durante el posterior tratado de los estigmas.

- Algunos pueblos usaban el azafrán, además, para teñir el velo de los recién desposados, con lo cual le transmitían a los novios una feliz boda y muchos años de vida juntos.

- También era costumbre popular regalar a los recién casados la producción de una pequeña parcela cultivada con azafrán; de ahí el singular nombre del azafranal: «suerte», que sigue manteniéndose en muchos lugares de larga tradición azafranera.

- En el Valle del Jiloca (Teruel), durante las jornadas de recolección del azafrán (otoño), según leemos en un escrito médico de mediados del siglo XX, de la localidad de Monreal del Campo, pocas personas podían permitirse el lujo de caer enfermas.

- En Suecia, el día de Santa Lucía (13 de diciembre), los niños acostumbran a ofrecer a sus amistades un pastel llamado *«Saffron cake»*, elaborado a base de azafrán.

- En el barrio sevillano de La Macarena —distrito 41003— hay una calle dedicada al azafrán, que se remonta a los siglos medievales.

- En la ciudad de Almuñécar —Costa Tropical de Granada—, el restaurante «El Horno de Cándida», que se corresponde con la tahona nazarí comunal de los siglos XIII, XIV y XV, tiene una sala dedicada al azafrán.

- En el restaurante «El Corregidor», uno de los establecimientos de mayor prestigio de Almagro (Ciudad Real), se ofrece aceite elaborado a base de azafrán, cada vez más solicitado.

- En el restaurante «Adolfo», de la ciudad de Toledo, en su carta se recomienda la infusión de azafrán, al que se le otorgan propiedades afrodisíacas.

- Existe vinagre de azafrán, que se comercializa desde 1990 en grandes superficies, elaborado en Malagón (Ciudad Real).

- También es posible encontrar miel de azafrán, comercializada por la «Cía. Gral. Del Azafrán de España. S.A.», de Valencia, bajo la marca «Celemín».

- Las mujeres indias, al entrar en los templos, reciben en la frente el toque de *«tilak»* (pasta de azafrán).

- En los países del Golfo Pérsico, al visitante se le ofrece una taza de café preparada con azafrán y cardamono.

- Los japoneses añaden azafrán al pescado crudo, porque le confiere un aroma y color muy agradables.

- La paella o la zarzuela de pescado, platos tan típicos de España, se condimentan con azafrán.

- La singular tonalidad azafranada era el color de la realeza en la antigua Irlanda.

- En la península de Cornualles (Gran Bretaña), una vez al año, se hacen tradicionalmente bollos de levadura con azafrán.

- El azafrán es hidrosoluble, pero difícilmente liposoluble.

- En Valtueña, pueblo de 41 habitantes, de la comarca de las Vicarías, al sureste de la provincia de Soria, a 962 metros de altitud, se sigue cultivando azafrán en sus campos. Se trata de una producción reducida, pero sus gentes se enorgullecen de cosechar uno de los azafranes más renombrados del mundo, con dos premios internacionales en su haber: la Medalla de Bronce de Chicago, otorgada a finales del siglo XIX, y la Medalla de Plata de París, en la Exposición Universal de 1902.

番 紅花

zafferano

Saffran

Azafràn

केशर

saffran

КРОКОС

SAFRAN

زعفران

Etimología

«*Los textos egipcios hacen ya referencia al azafrán y* **Salomón** *lo menciona en sus Cantos. En la antigua Grecia,* **Hipócrates** *lo incluía en sus fórmulas y* **Homero** *habla de él con el nombre de "krokos" (filamento).*»

Daniel Bonet

El término español **azafrán** etimológicamente deriva del árabe «*az-za'faran*», o «*az-za'feran*», recogido del antiguo persa, que se traduce por «ser amarillo». Es, al mismo tiempo, el nombre que los árabes siguen dando en nuestros días al colorante amarillo; de la misma manera que del latín «*crocus*» se forma «*crocinus*» y «*croceus*», que equivalen a amarillo, como el catalán «*groc*». Se corresponde con la planta «*karkon*», mencionada en *El Cantar de los Cantares*, de **Salomón**.

Sinónimos y equivalencias

— español: **azafrán** (estigma de azafrán, estigma de Croco).
— catalán: **safrà** (estigma de safranera).
— euskera: **azafraiaren estigmak**.
— gallego: **azafrán**.
— alemán: **safran, Gewürzsafran**.
— inglés: **saffron**.
— francés: **safran**.
— italiano: **zafferano, zafferano fili, stimmi di croco**.
— portugués: **açafrao**.

El nombre del azafrán en los países en los que todavía se cultiva. De arriba abajo: azerbaiyán, chino, francés, italiano, español, hindú, griego, inglés, alemán, árabe/persa. Caligrafía realizada por la Dra. **Fuhrmann**, *de Hamburgo.*

Gastronomía

«Hemos de señalar el uso del ajo, de la cebolla y del tomate para los sofritos, del azafrán para los arroces, de la canela y el comino, del pimentón rojo, que son los ingredientes que más chocan a los extranjeros y que han contribuido a la fama de cocina indígena que tenemos en Europa.»

Néstor Luján

Es un hecho demostrado documentalmente, y también en los testimonios artísticos descubiertos gracias a la labor de los arqueólogos y otras especialidades científicas, que el azafrán, como condimento en la alimentación humana, ahonda sus raíces en las civilizaciones pioneras en el desarrollo de la cultura de la humanidad. Hace más de 5.000 años, el azafrán ya formaba parte de la dieta gastronómica de los sumerios, en la mítica Mesopotamia; su empleo también estuvo presente en los principales platos del Antiguo Egipto; la cultura hitita, en Anatolia, igualmente gustaba de aderezar con azafrán; Babilonia, Urartu, Asiria, Persia, Lydia, Lycia, Grecia, Etruria, Roma..., igualmente siguieron las pautas marcadas por Sumer, en los albores de la civilización. Y, desde la Alta Edad Media, gracias a los árabes, que utilizaron la legendaria «Ruta de la Seda», también la India y China conocieron las fascinantes posibilidades, en todos los sentidos, y, especialmente, en la gastronomía. Igualmente, gracias a la civilización islámica, Occidente descubrió el azafrán; la cultura hispano-musulmana, como sabemos, se caracterizó, además, por la equilibrada utilización de las especias; no fue, por lo tanto, una casualidad que el azafrán alcanzara en la España del al-Andalus el cenit de su cultivo en toda la cuenca mediterránea.

Sección de gastronomía en el interior del «Museo Monográfico del Azafrán». (Foto del autor.)

El plato más legendario

La *Bullabaise* es, sin duda, el plato más legendario preparado con azafrán del que tenemos noticia. Comenzaron a prepararlo los fenicios, allá por el siglo VIII a.C., cuando alcanzaron el litoral de Provenza, concretamente la zona de Marsella —fundada por los griegos, y bautizada con el nombre de Marsalia—, al hallar gran cantidad de pescado de roca inventaron la *Bullabaise*. En la receta de este singular plato entran tres productos a los que podríamos calificar de «rituales»: pescado de roca, aceite de oliva y azafrán puro. A partir de estos tres ingredientes, fundamentalmente, ya son admisibles innumerables variantes de esta especialidad gastronómica, considerada mucho más antigua que el «garum».

El escritor inglés **William de Thackeray** (1811-1863), también se sintió atraído por este plato, y no dudó en inmortalizarlo en su novela: *Balada de la*

Diferentes piezas de cerámica, utilizadas tradicionalmente por las familias de los campesinos del azafrán del Valle de Jiloca. (Foto: «Museo Monográfico del Azafrán».)

Bullabaise, de cuyas páginas destacamos el siguiente párrafo: *«Hierbas aromáticas, pimientos rojos, mejillones, azafrán, lenguado, cebollas, ajo, gardón y lenciso...; todo esto puedes comer en "Terres Tavern", en ese plato único que se llama Bullabaise.»* El gardón y el lentisco son los pescados de roca. La fama de este plato sigue siendo universal; se acompaña muy bien con los afrutados vinos provenzales; algunos, incluso, prefieren champán.

En los libros de cocina andalusíes abundan las recetas complicadas, como la *«ya'fariyya»*, a base de pollo; la *«lamtuniyya»*, llamada así en recuerdo de los almorávides, era un plato de ave picante a las finas hierbas. *«Las especias eran de uso corriente en la España musulmana: jengibre "zanyabil"), cilandro, azafrán ("za'faran"), canela...»*, subraya **Rachel Airé** en su obra: *La España musulmana: siglos VIII-XV.*

El empleo del azafrán se recoge en antiguos recetarios, entre los cuales destacamos: *Libros de Guisados,* de **Ruperto de Nola,** editado en 1525; *Arte de Cocina, Pastelería, Vicochería y Consevería,* de **Martínez Montino,** publicado en 1611. En la obra *History of Life and Death,* su autor, el filósofo y político inglés **Francis Bacon** (1561-1526), destaca que los ingleses se convierten en gente divertida con el uso generoso del azafrán en dulces y caldos. **William Shakespeare** (1564-1616), en su obra: *Cuento de invierno*, escribía: *«He de comprar azafrán para dar color a las tartas de pera.»* El *«rissotto a la milanesa»*, uno de los platos más emblemáticos de la cocina italiana, tiene el azafrán como ingrediente indispensable.

El azafrán, como condimento culinario, también está lleno de referencias evocadoras de tradiciones tanto de Oriente como de Occidente; algunas de las cuales nos permitimos destacar a continuación: en la festividad de Santa Lucía —13 de diciembre— los niños de Suecia acostumbran a obsequiar a sus familiares y amigos el *«Saffron cake»*, especialidad pastelera que, como expresa su nombre, tiene el azafrán como ingrediente básico; en los países del Golfo Pérsico, siguiendo una antigua tradición árabe, al visitante se le ofrece una taza de café preparada con azafrán y cardamomo. Los japoneses, que son también buenos compradores del azafrán español, suelen añadirlo al pescado crudo, confiriéndole un aroma, sabor y color muy peculiares...

Platos tan típicos como la paella o la zarzuela de pescado se condimentan desde siempre con azafrán, pero también se conocen infinidad de fórmula culinarias, algunas rescatadas de las viejas recetas de los armarios de cocina de la abuela, y otras, en cambio, formando parte de innovadores sabores creados por jóvenes chefs, que hacen una cocina de autor, que han sabido incorporar el azafrán a sus platos con talento, y que en la mayoría de los casos también podrían incluirse en lo que se ha dado en llamar cocina mediterránea.

El azafrán, como hemos dicho anteriormente, alcanza su máximo exponente en la preparación de singulares platos de cocina, utilizándose como condimento en asados de carne, pescados, sopas, mariscos y, sobre todo, en los arroces.

Cualidades gastronómicas

Las cualidades gastronómicas del azafrán resultan interminables; algunas de las cuales queremos destacárselas al lector, antes de iniciar la descripción de las 32 recetas seleccionadas.

El azafrán tiene un aroma fuerte y exótico, así como un sabor ligeramente amargo. Se convierte en un magnífico saborizante capaz de transmitir aromas profundos, pero al mismo tiempo suaves, tiernos, redondos..., siendo una especia insustituible en numerosísimas de las recetas españolas, de las gastronomías tradicionales de: Andalucía, Aragón, Castilla-La Mancha, Cataluña, Murcia, País Valenciano...; sobre todo, en la cocina manchega, desde la Edad Media a nuestros días.

La manera de utilizarlo —dosis óptima estimada ente las 6 y 10 hebras— es al final de las comidas, y siempre que sean cocinadas, diluidas en agua, o bien en el caldo del guiso, entre 10 y 15 minutos antes de acabar la cocción; así coinciden en recomendarlo los mejores gastrónomos. En relación al azafrán manchego —el cual, no nos cansaremos de repetirlo, es el mejor reconocido mundialmente—, cuenta con el poder colorante más elevado, puesto que puede alcanzar las 300 unidades; esta calidad «Azafrán de La Mancha», a diferencia de los demás, evoluciona al ceder el poder colorante.

Bodegón de cocina manchega, en el Parador de Turismo «La Mancha», de Albacete.
(Foto del autor.)

Pese a todos los avatares, la cocina selecta —sobre todo la mediterránea— continúa utilizando el azafrán en una variadísima gama de platos —algunos de los cuales nos permitimos destacar a continuación—, a base de arroces, carnes, aves, pescados, estofados, guisados, huevos, aliños de ensaladas, de caldos, sopas, salsas, rellenos, pastas, mariscos, e incluso en la elaboración de dulces, pudings, pasteles, mermeladas, helados, jarabes y licores. Los arroces —paellas, por ejemplo— se confeccionan de forma muy variada, según las regiones.

Rojo entre morado, colores cargados de pasión. (Foto: Francesca Torre.)

La cantidad de algunos productos como la carne, los mariscos y el azafrán son, en cierto modo, discrecional. En España, un plato tan emblemático como es la paella, cuenta como especia indisolublemente asociada el azafrán. Especia que, además, en repostería y panadería confiere un agradable color dorado a pasteles y panes.

Existe una receta tradicional de la cocina árabe, considerada afrodisíaca, elaborada a base de espárragos, azafrán, yemas de huevo, miel y leche, que puede saborearse en todos los países del Magreb y del Próximo Oriente islámico.

Poniendo punto y final a una exquisita comida, además, con una agradable infusión de azafrán (utilizad ¼ de cucharilla de azafrán en polvo y seco para dar aroma a medio litro de agua hirviendo); todo un sustituto del té, que le sorprenderá por su aroma, sabor y color.

Destacamos a continuación algunos platos tradicionales de la cocina española, aderezados con esta mítica especia, que —como bien dijo en una ocasión el gastrónomo **Gonzalo Sol**: *El azafrán es, sin duda, el colorante español más español»*—, forma parte de nuestra vasta historia gastronómica; para pasar después a las creaciones más innovadoras de la cocina de autor, con platos condimentados a base de azafrán; haciendo algunas referencias, seguidamente, a otras cocinas, con platos igualmente aderezados con azafrán; para terminar con algunas fórmulas reposteras, no menos interesantes. Todo ello, como podrá comprobar el lector, muy fácil de preparar en casa.

Recetas

Sopa de azafrán

Ingredientes:

(4 personas)

CALDO:
¼ de gallina
1 trozo de hueso de ternera
1 jarrete de jamón
1 zanahoria
1 rama de apio
laurel

PURÉ:
perejil
2 dientes de ajo
100 g de higadillos de pollo
dos huevos duros
50 g de pasta de sopa gruesa
azafrán

Preparación:

Preparar un caldo con abundante agua y los ingredientes que se indican.

Hervir el caldo durante 3 horas, reduciéndolo hasta que sólo quede 1 litro. Colarlo y reservar la carne de la gallina y el jamón.

Para preparar el puré, tomar los higadillos y freírlos ligeramente. Machacarlos en un almirez y mezclarlos con el perejil, el ajo y el azafrán picados.

Poner a hervir el caldo y añadir la pasta y la crema de los higadillos.

Cuando se haya cocido la pasta, incorporar el jamón, la gallina y los huevos duros picaditos a la sopa.

Calentar, sin que llegue a hervir, rectificar de sal y servir.

El «carpaccio de piña al azafrán con helado de coco», es una de las especialidades reposteras de la Hostería de Mont Sant, de Xàtiva. (Foto del autor.)

Sopa carmelitana

Ingredientes:

(6 personas)

200 g de ternera para guisar
¼ de gallina
100 g de jamón serrano
100 g de tocino de panceta
1 zanahoria
1 puerro
1 cebolla pequeña mechada con unos
    clavos y unos granos de pimienta

2 huevos duros
1 rama de apio
azafrán
100 g de pasta de sopa
    de perlas
2 l de agua
2 dientes de ajo

Preparación:

En una olla, se pone a cocer el agua con la gallina, la ternera, el jamón, la zana-horia, la cebolla, el apio, el puerro, el tocino de panceta y el ajo. Todo ello, picado en trozos, salvo la cebolla que va entera.

Se cuece durante 3 horas.

Luego se añade el huevo picado, el azafrán y la pasta. Se sazona y se cuece otros 10 minutos.

Deben quedar unos 2 litros de sopa.

Sopa de mero

Plato tradicional de la Costa Brava catalana.

Ingredientes:

(12 personas)

2 rebanadas de pan frito
24 triángulos de pan de molde
    frito
1 cucharada de alioli compacto
1 cebolla grande
2 puerros
2 tomates maduros
2 cucharadas de harina
aceite de oliva

unas hebras de azafrán
60 g de almendras tostadas
10 galletas María
1 chorrillo de «fumet»
60 g aprox. de cabeza de mero
1 vasito de vino tinto
8 cucharadas de crema de leche
50 g de mantequilla
unas gotas de Pernod

Preparación:

Además de las rebanadas de pan frito, se fríen los triángulos de pan de molde.

Se trocea la cebolla, los puerros y los tomates.

Se bate la harina en agua fría; sin dejar de batir, agregar seguidamente el alioli.

Preparar una buena picada: unas gotas de aceite, el azafrán, las almendras tostadas, las rebanadas de pan frito, las galletas María y el chorrillo de fumet.

En una sartén honda poner diez cucharadas de aceite. A fuego vivo se añade la cebolla, los puerros, los tomates y la cabeza de mero. Se reduce el vino. Y, mientras se dejan transcurrir 20 minutos, se va removiendo sin parar. Se vierte el agua necesaria. Hervir durante cuarenta minutos. Retirar del fuego, colar, dejar enfriar, y desmenuzar la pulpa del pescado.

Volver a poner el caldo a fuego vivo y añadir la picada, el batido de harina, el alioli y la crema de leche, removiendo sin cesar durante diez minutos.

Se rebaja gradualmente la intensidad del fuego mientras la sopa acaba de ligar; en el último momento, recurrir a la mantequilla y a unas gotas de Pernod.

Pero sin olvidarse de presentar los triángulos de pan de molde como acompañamiento, ya en la mesa, recuerda **Camil·la.**

Elaborado por **Camil·la Cruañas**, cocinera y propietaria del restaurante El Bahía, de Tossa de Mar (Girona).

Sopa marinera de pescado

Plato tradicional de la cocina española.

Ingredientes:

(8 personas)

½ kg de pescado de roca
¼ kg de langostinos
¼ kg de almejas finas
1 cebolla
3 dientes de ajo
1 dl de aceite de oliva
4 rebanadas de pan fritas en aceite de oliva

1 cucharada sopera de perejil picado
15 almendras tostadas
1 cucharadita de pimentón
4 tomates maduros
1 copa de vino blanco
8 hebras de azafrán

Preparación:

En una cacerola de base amplia, verter el aceite de oliva. Colocar el recipiente a fuego suave con la cebolla picada muy menuda. Cuando esté transparente añadir dos dientes de ajo, picados finísimamente. Unos minutos después, el pimentón y, en seguida, para evitar que éste se queme, los tomates pelados y troceados, sin pieles ni pepitas. Revolver todo suavemente y esperar a que el tomate pierda parte de su acuosidad.

Cubrir entonces con tres litros de agua y el vino blanco. Cuando el líquido rompa a hervir, introducir los pescados y mariscos. Dejar cocer 10 minutos.

Filtrar el caldo por un colador fino y pasarlo a otra cacerola. Por separado, machacar muy bien en un almirez el azafrán, el diente de ajo restante, el perejil, las almendras y el pan frito.

Añadir esta pasta al caldo y dejar hervir 10 minutos más.

Deshuesar y pelar todo el pescado y el marisco, y repartirlo en los platos. Cubrir con el caldo y servir.

Sopa de ostras al azafrán

Plato tradicional de la cocina española.

Ingredientes:

(4 personas)

1 l de caldo de pescado

12 ostras

2 zanahorias

2 puerros

12 hebras de azafrán

2 copas de vino de Jerez seco (oloroso)

4 hojas de estragón fresco

Preparación:

Preparar el caldo de pescado poniendo a hervir un casco de cebolla, media zanahoria, una hoja de laurel y abundantes raspas de pescado. Colarlo perfectamente, clarificando si fuera necesario y verterlo en una cacerola limpia.

Abrir las ostras y escurrir su jugo sobre el caldo de la cacerola.

Picar las zanahorias y los puerros en juliana muy fina e introducirlos en el mismo recipiente con las hojas de estragón, las hebras de azafrán y el Jerez.

Dejar hervir cinco minutos y servir en los platos.

Desprender las ostras de sus conchas, introducirlas en el caldo y espolvorear con pimienta negra recién molida.

Crema de almejas

Plato tradicional de la Costa Brava catalana.

Ingredientes:

(6 personas)

36 almejas
1 cucharada de alioli compacto
«fumet» (de preferencia, hecho con
    cabezas de merluza o de rape)
aceite de oliva
unas hebras de azafrán
60 g de mantequilla
2 cucharadas rasas de harina

¾ de vasito de vino de Jerez, semi-
    seco
1 copita de coñac
unas gotas de salsa inglesa Perrins
un poquito de azúcar
6 cucharadas de crema de leche
20 g de mantequilla

Preparación:

Pero dejemos que sea su autora, **Camil·la,** quien explique a los lectores los secretos de su elaboración: *«En primer lugar, se preparan las almejas. Dispongo el alioli y el fumet. Sobre fondo aceitoso, machaco unas hebras de azafrán.»* Y añade: *«Hago que las almejas hiervan dentro de un baño de fumet. Cuelo. Reservo... En un cazo, a fuego lento, dejo fundir 60 g de mantequilla. Removiendo sin precipitaciones —más bien despacio, con batidor—, añado la harina, reduzco el jerez y el coñac; y, sin dejar de remover, incorporo el caldillo de fumet, con las almejas. Finalmente, bato el alioli con un poco de fumet. Vierto en la crema. Agrego el azafrán, unas gotas de salsa inglesa Perrins, un poquito de azúcar, la crema de leche y 20 g de mantequilla.»* En este prestigioso establecimiento de la histórica y monumental villa de Tossa de Mar se acostumbra a servir la crema de almejas en cuencos individuales.

Camil·la Cruañas, cocinera y propietaria del restaurante El Bahía, de Tossa de Mar (Girona).

Crema de alcachofa al estilo Jerusalén

Plato tradicional de la cocina israelí.

Ingredientes:

(4/5 personas)

450 g de alcachofas
1 l de caldo de pollo
jugo de limón
100 g de pechuga de pollo sin
    piel y cortada en dados
60 g de mantequilla

3 cucharadas de harina
sal
pimienta blanca recién molida
4 hebras de azafrán
1 taza de crema espesa
pimienta negra recién molida

Preparación:

Cocer las alcachofas con el caldo de pollo y el jugo de limón hasta que estén casi tiernas. Se cuela y se guarda el caldo. Se trituran las alcachofas en la batidora con caldo suficiente para hacerlo más fácil.

Freír los dados de pollo con la mitad de la mantequilla, durante 2 minutos, o hasta que se pongan blancos. Se escurren con papel absorbente.

Se derrite la mantequilla restante; se añade la harina y se fríe 3 o 4 minutos moviendo constantemente. Se añaden el caldo de pollo, el puré de alcachofas, la sal, pimienta blanca y las hebras de azafrán. Sin dejar de batir, se deja hasta que hierva y se continúa la cocción 5 minutos más a fuego lento. Se añaden los trocitos de pollos y se sazona si es necesario. Al final se añade la crema.

Se sirve espolvoreada con un poco de pimienta negra.

Itamar Davidov, chef del restaurante Pitango, de Jerusalén.

Arroz con azafrán

Ingredientes:

(4/6 personas)

2 cucharadas soperas de aceite de oliva

2 cucharadas soperas de cebolla picada

350 g de arroz

¾ 1 de agua

1 cucharilla y media de sal

azafrán

Preparación:

En una cazuela de fondo grueso, calentar el aceite a fuego moderado.

Cuando esté caliente, echar la cebolla y sofreírla removiendo frecuentemente durante unos 5 minutos.

Añadir el arroz y remover otros 2 o 3 minutos más, sin dejar que se dore en exceso.

Añadir el agua, la sal y el azafrán, y dejar que hierva removiéndolo continuamente. Cubrirlo y reducir el fuego al mínimo.

Dejarlo cocer sin tocarlo hasta que el arroz haya absorbido todo el agua y esté ya hecho, aproximadamente 20 minutos.

Consejos:

Antes de servirlo, remover ligeramente con un tenedor y rectificar de sal. Si el plato tiene que esperar, envolver la cazuela en un paño y guardarla al calor dentro del horno.

Paella

Uno de los platos más sobresalientes y emblemáticos, sin duda, de la cocina tradicional española.

Ingredientes:

(4 personas)

400 g de arroz
1 l de caldo
600 g de pollo
4 cangrejos de mar
8 gambas grandes
200 g de pescado
100 g de judías
1 pimiento rojo

1 diente de ajo
1 cucharilla de cebolla picada
8 hebras de azafrán
1 cucharilla de tomate triturado
2 limones
aceite de oliva
sal

Preparación:

Póngase el aceite en la clásica paellera; cuando esté caliente, introducir el pollo troceado y salado, los cangrejos, las gambas, el pescado limpio, el pimiento, el diente de ajo, la cebolla picada, el tomate y las judías.

Cocer hasta que esté dorado y entonces añadir 1l de caldo y el azafrán.

Hervir durante 10 minutos.

Repartir uniformemente el arroz y disponer los ingredientes decorativamente.

Hervir el arroz 15 minutos.

Dejalo reposar cubierto 5 minutos.

Servir con pimiento y limón.

Paella popular

Huerta del Valle del Jiloca (Teruel).

Ingredientes:

(6/8 personas)

800 g de arroz	500 g de judías verdes
3 vasos de aceite	250 g de habas
½ pollo	pimentón rojo
½ conejo	azafrán
1 tomate	sal

Preparación:

Cortar el pollo y el conejo en trozos pequeños, trocear y limpiar las judías verdes.

Calentar el aceite en la paellera, freír los trozos de pollo y conejo sazonados. Una vez rehogados, añadir las judías verdes y las habas, remover y dejar cocer un tiempo. Añadir el tomate, media cucharada de pimentón y el azafrán.

Agregar cerca de 2 litros de agua y cocer durante 30 minutos.

Poner el arroz y proseguir la cocción durante un cuarto de hora más.

Retirarla del fuego y dejar reposar unos 7 minutos. Servirla inmediatamente.

Arroz a banda

Ingredientes:

(4 personas)

500 g de arroz
1 kg de pescado variado
1 cebolla
1 hoja de laurel
azafrán
1 cucharita de pimentón

1 diente de ajo
1 cucharada de puré de tomate
1 vaso de aceite
1,5 l de agua
sal

Preparación:

Pelar la cebolla y el diente de ajo. Poner en una olla el pescado, la cebolla, el laurel, el agua y la sal. Cocer durante 20 minutos contados a partir de que rompa a hervir. Colar el caldo, desechar el pescado. Medir 1 litro de caldo y reservarlo caliente.

Mientras, machacar en un mortero el ajo, el azafrán y una pizca de sal.

Mojarlo con una cucharada de caldo ya preparado.

Calentar el aceite en una paellera, echar la picada de ajo, el puré de tomate y el pimentón. Cocer suavemente durante 3 minutos. Añadir el arroz, freírlo unos minutos más, mezclándolo con el sofrito y verter el caldo de pescado bien caliente. Cocer durante 5 minutos a fuego fuerte. Bajar la temperatura y continuar cociendo a fuego suave 15 minutos más.

Retirar del fuego, dejar reposar durante 5 minutos y servir en la misma paellera.

Rancho de arroz

Ingredientes:

(4 personas)

250 g de arroz

2 dl de aceite

½ vaso de vino blanco

25 caracoles

250 g de lomo de cerdo

250 g de costilla de cordero

100 g de chorizo

100 g de tocino magro en cuadradillos

2 patatas

1 cebolla pequeña

1 diente de ajo

2 l agua

azafrán

laurel

tomillo

Preparación:

Cortar las patatas a cuadros y reservarlas en agua.

Lavar los caracoles, cocerlos a fuego lento durante 10 minutos y escurrirlos.

En una cazuela de barro, poner el aceite, sofreír la costilla de cordero y el lomo y, seguidamente, el chorizo y el tocino, todo cortado a trocitos pequeños.

Añadir las patatas, la cebolla y el diente de ajo picados y rehogarlo todo unos minutos. Agregar 2 litros de agua y hervir durante 15 minutos.

Echar el arroz y los caracoles, rectificar de sal, poner el azafrán y cocerlo todo durante 20 minutos.

Arroz a la aragonesa

Ingredientes:

(5 personas)

500 g de arroz
1 cebolla picada
300 g de caracoles
200 g de jamón
500 g de conejo
1 tomate picado
2 dientes de ajo picado

azafrán
1 dl de aceite de oliva
300 g de guisantes
1 pimiento morrón rojo
1 cucharadita de pimentón dulce
sal

Preparación:

En una paellera, poner el aceite y cuando esté caliente echar la cebolla picada, los ajos, el jamón cortado a trocitos, los caracoles limpios y el conejo cortado a trozos pequeños.

Cuando tome color, agregar el tomate picado, el pimentón y el arroz. Rehogar bien.

Añadir el caldo de carne o agua hirviendo (dos cazos por uno de arroz), sazonar, agregar los guisantes, el pimiento morrón cortado a tiras y el azafrán.

Cocer en el fuego durante 5 minutos y seguidamente introducir la cazuela en el horno. Continuar la cocción otros 20 minutos. Servir en el mismo recipiente.

«Rissotto alla milanese»

Plato tradicional de la cocina italiana, y uno de los más emblemáticos con azafrán del mundo.

Ingredientes:

(4 personas)

200 g de arroz	6 hebras de azafrán
½ cebolla	mantequilla
½ vaso de vino blanco	queso parmesano
consomé	

Preparación:

Picar la cebolla y dorarla en una cazuela con mantequilla. Añadir el arroz y dorarlo durante 2 minutos.

Verter el vino y dejarlo evaporar. Agregar el consomé (dos cazos por uno de arroz) y el azafrán.

Cuando el arroz esté a punto, añadir 25 g de mantequilla y el queso parmesano por encima.

Tallarines con salsa de azafrán

Plato típico de la cocina española.

Ingredientes:

(2 personas)

¼ de pepino
200 g de tallarines
150 g de nata líquida
6 hebras de azafrán

1 yema de huevo
2 cucharadas de aceite de oliva
sal

Preparación:

Pelar el pepino, cortarlo en rodajas y retirar las pepitas. Saltearlo a fuego lento con el aceite, en una sartén tapada, durante 10 minutos.

Cocer la pasta en abundante agua con sal. Retirarla cuando esté cocida pero aún resulte algo entera (al «dente»), escurrirla bien.

En un cazo poner a hervir la nata con el azafrán molido. Esperar a que se reduzca un poco. A continuación, retirar la salsa del fuego, añadir la yema sin dejar de remover y salar adecuadamente.

Servir la pasta en los platos, colocar encima el pepino y cubrir finalmente todo con la salsa.

Fideos gordos a la cazuela

Plato tradicional de la cocina española

Ingredientes:

250 g de fideos gordos
200 g de costillas de cerdo
1 cebolla
1 pimiento rojo
2 tomates maduros

ajo
laurel
hebras de azafrán
pimienta
pimentón
queso rallado

Preparación:

Cortar en pedacitos la costilla de cerdo fresco. Colocar las costillitas en una cazuela de barro con un poco de aceite de oliva y rehogarlas bien.

Cuando la carne esté dorada, echar una cebolla y un pimiento fresco trinchados (si se quiere unos pocos guisantes), ajo y perejil picados y una hoja de laurel. Rehogar bien y añadir uno o dos tomates trinchados, un poco de pimentón encarnado y pimienta; cuando quede rehogadito, remojar con ¾ l de agua y cocer bien la carne.

Media hora antes de servir el plato, echar los fideos gordos partidos, una buena cucharada de queso rallado y un ajo machacado con una pizca de azafrán.

Cocer lentamente durante unos 25 minutos y rectificar de sal (se remueve un poco al principio de la cocción de los fideos).

Servir los fideos inmediatamente, muy jugosos y espesitos.

Patatas rellenas

Ingredientes:

(4 personas)

750 g de patatas
4 huevos duros
100 g de carne
250 g de jamón
1 clara de huevo
1 tomate

1 cebolla pequeña
pimienta
sal
azafrán
perejil
almendras

Preparación:

Elegir unas patatas redondas y lisas, pelarlas y ahuecarlas con una cucharilla.

Preparar un picadillo con los 4 huevos duros, la carne picada y el jamón cortado a trocitos. Sazonar con sal y pimienta.

Rellenar las patatas con este picadillo y tapar el agujero de encima con clara de huevo batida.

Colocar en una cacerola con manteca y aceite un poco de tomate y cebolla muy picados. Cuando esté frito, echar agua o caldo de carne y, cuando hierva, poner las patatas, añadiendo un machacado de azafrán, perejil y almendras.

Acabar la cocción, sazonar y servir.

Tocrúto

Ingredientes:

(4 personas)

1 kg de patatas	1 dl de aceite de oliva
1 kg de carne de ternera	unas hebras de azafrán
2 pimientos medianos	2 clavos
1 cebolla grande	1 hoja de laurel
½ vaso de vino blanco	pimienta
2 dientes de ajo	sal

Preparación:

En una olla de barro panzuda y de boca estrecha, se echa el aceite, la carne cortada a trozos, la cebolla y patatas troceadas, los pimientos y los ajos picados, azafrán, laurel, clavos, pimienta, sal y el vino.

Todo ello se cubre luego con agua fría, procurando que no sea en exceso, porque de esta operación depende el éxito del guiso.

Se coloca la olla bien tapada bajo la acción del fuego vivo, hasta que hierva, luego se prosigue la cocción lentamente hasta que la carne esté tierna, rectificar de sal.

La fuerza del fuego se reduce cuando vemos reducir el caldo de la olla.

El guiso deberá llenar la mitad de la capacidad de la olla, tras la cocción de la carne.

Puede sustituirse la carne de ternera por: buey, cerdo fresco, pollo, conejo, perdiz, carnero, etc.

Huevos rellenos al azafrán

Plato tradicional de la cocina española.

Ingredientes:

2 huevos
leche
perejil
azafrán

aceite de oliva
pan
mantequilla

Preparación:

Preparar dos huevos duros por comensal. Desprender las cáscaras y cortarlos en dos mitades longitudinalmente. Aplastar las yemas por separado.

Elaborar una salsa bechamel espesa y mezclar una parte de la bechamel con las yemas aplastadas de los huevos duros, añadiendo unas hojitas de perejil.

Rellenar con esta pasta las mitades vacías de los huevos y colocarlos en un recipiente para gratinar.

Espolvorear dos pizcas de azafrán en polvo sobre la bechamel, cubriéndola.

Finalmente, cubrir con corteza de pan rallado del día anterior, añadir una bolita de mantequilla y cocer en el horno durante 5 minutos, a la temperatura de 250 ºC.

Tortilla a la española al azafrán

Plato tradicional de la Comunidad castellano-manchega.

Ingredientes:

patatas	azafrán
huevos	aceite
cebolla, al gusto	sal

Preparación:

Freír las patatas y mediada la cocción añadir la cebolla, para que no se queme.

Mientras, en un cuenco (bol) batir los huevos y agregar el azafrán —en polvo— machacado con sal en el almirez.

Todo esto ocupa entre 15 y 20 minutos.

Incorporar la cebolla y las patatas fritas a la mezcla de azafrán, huevos y sal. Dejar reposar unos minutos, para que las patatas absorban el perfumado aroma del azafrán.

Finalmente, cuajar la tortilla en la sartén con un poco de aceite de oliva.

Merluza al azafrán

Receta originaria de Consuegra (Toledo).

Ingredientes:

(4 personas)

800 g de merluza (limpia)
4 dientes de ajo
1 tomate mediano
1 cebolla pequeña

1 dl de aceite de oliva
12 hebras de azafrán
perejil
1 pellizco de sal

Preparación:

Desespinar la merluza y cortar en tranchas.

Con las espinas hacer un fondo de pescado.

Machacar el azafrán en un almirez con un poco de líquido en el fondo.

Pelar y filetear los ajos. Pelar, despepitar y picar el tomate. Pelar y picar finamente la cebolla. En una sartén, poner un poco de aceite, el ajo, la cebolla y el tomate, cuando esté frito se incorpora el fondo de pescado y se deja cocer durante dos minutos; pasarlo por un colador chino.

Poner la merluza en una cazuela de barro, se cubre con el caldo incorporando el azafrán machacado y se pone al fuego durante diez minutos.

Servir la merluza en la cazuela con unas hebras de azafrán por encima.

Eloy Mudarra Prados, jefe de cocina del restaurante del Parador de Turismo «La Mancha», de Albacete.

Albóndigas de pescado

Plato de la cocina tradicional española.

Ingredientes:

(4 personas)

2,5 dl de leche	1 diente de ajo
125 g de miga de pan del día anterior	1 cucharada de perejil picado
	1 plato de harina
250 g de merluza	aceite para freír
250 g de rape	sal
1 huevo	

Ingredientes salsa:

6 cucharadas de aceite de oliva	1 hoja de laurel
100 g de cebolla picada	unas hebras de azafrán
1 cucharada de harina	sal
5 dl de caldo pescado	

Preparación:

Remojar la miga de pan con la leche muy caliente.

En un cazo, poner al fuego el pescado con agua fría y sal. Cuando arranque a hervir, retirar y escurrir bien (reservar el fuego).

Quitar la piel y las espinas al pescado y desmenuzarlo con un tenedor.

Mezclar en una ensaladera el pescado, la miga de pan remojada, el huevo entero, el diente de ajo (picado), el perejil y la sal.

Formar bolitas con una cuchara. Pasar estas albóndigas por harina y freírlas en una sartén con ½ l de aceite bien caliente.

Para la salsa: poner en otra sartén 6 cucharadas del aceite utilizado; agregar la cebolla y dorarla un poco; añadir la harina, removiendo con una cuchara de madera, hasta que se dore.

Incorporar el caldo de pescado, colado y enfriado para que no forme grumos, una hoja de laurel y unas hebras de azafrán machacadas en el almirez; cocer unos 10 minutos.

Colar la salsa y añadir las albóndigas.

Servir de inmediato, con triángulos de pan frito.

(Tiempo de realización: 45 minutos.)

Bacalao a la manchega

Ingredientes:

(4 personas)

500 g de bacalao remojado blanco	azafrán
200 g de tomates	50 g de miga de pan blanco
4 pimientos rojos	¼ de l de aceite
1 cebolla grande	4 huevos escalfados
2 dientes de ajo	perejil
200 g de patatas	1 cucharada de pimentón
	sal

Preparación:

Escurrir y secar el bacalao, deshojarlo y quitar las espinas.

Picar la cebolla, el ajo y el perejil. Pelar los tomates, escurrirlos y cortarlos a trozos. Quitar las semillas de los pimientos y cortarlos a tiras.

Poner un cazo al fuego con agua y sal, hervir las patatas y, a medio cocer, retirarlas. Dejarlas enfriar y pelarlas.

Calentar el aceite en una cazuela y añadir la cebolla, el ajo, el perejil y el azafrán. Cuando tomen color dorado, agregar los trozos de bacalao, el tomate y los pimientos. Rehogar durante 5 minutos y añadir las patatas, una taza de agua caliente y el pimentón. Sazonar y continuar rehogando.

Cuando el guiso está casi listo, se le añade la miga de pan y se revuelve un poco para que espese la salsa.

Volcar el contenido en una fuente y rodearlo con los huevos escalfados, calentados al baño maría.

Lomos de salmón al azafrán

Plato tradicional de la cocina española.

Ingredientes:

(4 personas)

4 lomos de salmón gruesos sin pieles ni espinas
1 copa de vermut blanco seco
1 copa de vino blanco seco y afrutado

¼ l de nata líquida
¼ de caldo de pescado concentrado
unas hebras de azafrán
pimienta
sal

Preparación:

Salpimentar los trozos de salmón y colocarlos en una fuente ligeramente embadurnada con mantequilla. Cocerlos en el horno, durante 4 minutos aproximadamente, a temperatura media alta, y retirarlos cuando aún estén muy jugosos.

Por separado, poner en un cazo el caldo de pescado con el vermut y el vino blanco, a fuego fuerte, hasta que el líquido se reduzca una tercera parte.

Añadir la nata líquida y las hebras de azafrán y dejar evaporar para que la salsa adquiera una consistencia cremosa. Rectificar el punto de sal y pimienta. Repartir los trozos de salmón en los platos y cubrir con la salsa.

Acompañar con verduras hervidas al vapor, coles de Bruselas, puerros, zanahorias...

Pecho de ternera con guisantes

Ingredientes:

(6 personas)

300 g de pecho de ternera en 6 trozos
500 g de guisantes
2 dl de aceite
harina
caldo de carne

½ l de vino blanco
azafrán
1 cebolla
ajo
perejil
tomillo

Preparación:

Se sazonan los trozos de ternera con sal y pimienta. Se rebozan en harina.

En una cazuela con aceite se rehoga la ternera durante 10 minutos.

Se añade la cebolla muy picada y se estofa a fuego lento.

Se le añade el vino y el caldo, luego se ponen los guisantes, el ajo, el perejil, el tomillo y el azafrán machacado.

Cocer durante 30 minutos y rectificar de sal.

Taquitos de buey con fondue de queso al azafrán

Ingredientes:

800 g de frito de buey (igualmente puede utilizarse entrecot o la parte melosa del bistec)

200 g de queso gruyère fresco rallado

200 g de queso emmental tierno rallado

¼ l de vino blanco seco

¼ l de nata líquida

aceite de oliva

1 diente de ajo

1 vasito de kirsch (aguardiente de cerezas)

azafrán

nuez moscada

pimienta negra molida

sal

Como guarnición:

2 calabacines

2 zanahorias

Preparación:

Una vez limpia la carne de grasa y nervios, se corta en dados de unos 2 cm. Salpimentarla y sofreírla ligeramente en la sartén con aceite de oliva bastante caliente. Flamear con un poco de kirsch y reservar luego en un lugar caliente.

Para la elaboración de la salsa: frotar un recipiente con ajo y fundir los quesos, desleírlos con el vino blanco, el resto del kirsch, una punta de cuchillo de nuez moscada y la pimienta molida. Dejar que cueza todo el conjunto unos minutos sin parar de remover con una cuchara o espátula de madera. Añadir la crema de leche y unas hebras de azafrán.

Removiendo, reducir un poco la salsa hasta que adquiera una textura untosa. En el centro del plato caliente, situar los tacos de carne correspondientes a una ración, rodeados de calabacín y zanahoria, previamente cocidos y salteados con mantequilla.

En el momento de servir, tapar los tacos de carne con la salsa muy caliente. No dejar que se enfríe.

Plato original del chef **Josep Mª Flo,** del restaurante Flo, de Barcelona.

Muslos de pollo en papillote al aroma de azafrán

Plato tradicional de la cocina española.

Ingredientes:

(2 personas)

½ pollo trasero (muslo y contra-muslo)

½ puerro

1 cebolla pequeña

1 cucharada mediana de mantequilla

1 zanahoria gruesa

2 ramas de apio

8 hebras de azafrán

½ limón

Preparación:

Pelar y picar en trozos menudos el puerro y la cebolla. Cortar en juliana muy fina la zanahoria y las dos ramas de apio (previamente deshebradas).

Frotar con sal y pimienta los trozos de ave y colocar cada porción sobre una hoja grande de papel de aluminio. Repartir encima de la carne las hebras de azafrán, así como todas las verduras picadas. Cubrir cada trozo con 1 cucharada de mantequilla y la mitad del zumo de un limón.

Cerrar el «envase» herméticamente e introducirlo en el horno a temperatura media-alta durante 40/45 minutos.

Extraer la carne de su envoltura y servirla en los platos con la guarnición de verdura.

Nota: Como punto final, se aconseja acompañar con patatas asadas.

Gazpachos o galianos

Plato tradicional de la cocina manchega.

Ingredientes:

2 kg de caza (liebre, conejo, perdiz, torcaces...)
100 g de jamón serrano
6 dientes de ajo
2 hojas de laurel
1 cebolla
1 rebanada de pan

1 pimiento verde pequeño
7 tortas de pan (galianos)
pimienta en grano y molida
azafrán
perejil
sal

Preparación:

Dorar en aceite los dientes de ajo y la rebanada de pan. Retirar y en el mismo aceite, freír la carne de caza troceada y el jamón en dados. Cuando se hayan dorado, incorporar la cebolla muy picada y el pimiento verde también picado; seguir rehogando.

Mojar con agua o con caldo y cocer a fuego medio, sazonar y añadir el laurel y una ramita de perejil.

Majar en un almirez el pan, los dos dientes de ajo, unas hebras de azafrán tostado, unos granos de pimienta y un poco de pimienta molida. Desleír con un poco de caldo de cocer la carne y echarlo a la cazuela; cocer todo junto con una de las tortas de pan troceada.

Nota: la carne se puede deshuesar y servir desmigada. Las tortas se utilizan como «cama» (plato), y también como cuchara.

Pato silvestre asado a la mantequilla de azafrán y tomillo

Ingredientes:

2 patos silvestres pequeños, limpios

150 g de mantequilla

100 g de morcilla o butifarra negra

1 dl de aceite de oliva

200 g de harina

3 huevos

3 dl de leche

1 diente de ajo

4 sobres de azafrán

tomillo molido

pimienta negra molida

pan rallado

sal

Preparación:

Vaciar los patos (reservando los hígados y la sangre); sazonarlos tanto por dentro como por fuera con sal, pimienta molida y tomillo molido. Untarlos con el aceite de oliva y asarlos al horno fuerte hasta que estén cocidos, durante unos 40 minutos aproximadamente.

Batir 150 g de mantequilla hasta que tome consistencia de pomada, con un diente de ajo machacado y reducido a pasta, dos sobres de hebras de azafrán, sal y tomillo molido. Trabajar el conjunto hasta que esté totalmente amalgamado y dejar que se enfríe en el frigorífico para que endurezca.

Retirar los patos del horno, partirlos por la mitad longitudinalmente y disponerlos en una fuente, con la piel hacia arriba. Cubrir las superficies de las cuatro unidades de pato con láminas de la mantequilla de azafrán preparada. Espolvorear con pan rallado e introducirlas en el grill o gratinador hasta que estén totalmente doradas.

Servir muy caliente, acompañadas de crepes de sangre de pato con salsa de azafrán y tomillo.

Para los crepes, triturar los hígados (eliminando la hiel) y la sangre reservada de los patos, junto con la morcilla y el foie gras de ave, hasta obtener una pasta fina y uniforme.

En un cuenco, verter la harina y los huevos trabajándolos enérgicamente, hasta lograr una masa homogénea. Incorporar la pasta de hígado y sangre, la sal y, finalmente, la leche. Batir y mezclar bien para que todo quede perfectamente amalgamado y dejar que repose.

En una sartén de fondo antiadherente, ligeramente untada con mantequilla y muy caliente, cocer las crepes una a una depositando un cucharoncillo del preparado cada vez, y dorar por ambas caras. A medida que se vayan cociendo, reservarlas en lugar caliente y taparlas con un paño.

Se pueden acompañar rellenas de una salsa elaborada con la escalonia finamente picada y sofrita con un poco de mantequilla a la que se incorporan dos sobres de hebras de azafrán, tomillo en polvo, crema de leche y sal, reduciéndola a fuego moderado, y sin dejar de remover, hasta que espese.

Plato original del chef **Josep Mª Flo,** del restaurante Flo, de Barcelona.

Lonchas de carne blanca de pavo a las manzanas verdes y pistilos de azafrán

Plato de la cocina francesa.

Ingredientes:

4 pechugas de pavo
2 manzanas verdes
¼ l de crema florecita
50 g de mantequilla

4 hebras de azafrán
1 dl de «Gozes Hermitage» (blanco)

Preparación:

Desplumar las pechugas del pavo; calentar la mantequilla en la sartén; dorar la carne; sazonar; cocer durante 6 o 7 minutos a fuego lento; reservar el calor.

Pelar las manzanas, cortarlas en rodajas e introducirlas en la sartén de dorar el pavo. Después de 3 minutos, verter el vino blanco. Retirar las manzanas.

Añadir a la sartén la crema y la mitad del azafrán, dejar reducir 4 minutos. Verificar la condimentación.

Escalopear los filetes de pavo. Preparar los asientos de la salsa. Intercalar alternativamente una loncha de carne y una rodaja de manzana. Esparcir el resto del azafrán. Servir de inmediato.

Nota: Se aconseja acompañar este plato con un Tavel «Chateau de Trinquevedel», de **François Demoulin**.

Creado por el chef **Jean-Marc Reynaud**.

Pastel de azafrán

Especialidad tradicional de la repostería española.

Ingredientes:

50 g de levadura
150 g de mantequilla
½ l de leche
150 g de azúcar
0,5 g de sal

1 g de azafrán
100 g de pasas
900 g de harina
1 huevo (para decorar)

Preparación:

Triturar el azafrán en un almirez y poner un poco de leche para sacar bien el jugo.

Calentar la mantequilla en la sartén y poner la levadura, después añadir la leche, azúcar, sal y casi toda la harina. Guardar un poco de harina hasta el final. Las pasas se pueden poner o guardar como guarnición al final.

Después de haber hecho la masa, dejarla fermentar durante media hora.

Poner un poco de harina en la hornada y amasar hasta tener una masa elástica.

Disponer la masa en su sitio y decorar con pasas y pintar con yema de huevo.

Calentar el horno, dorar durante 10 minutos, entre 200 y 250 ºC.

Dejar enfriar el pastel cubierto.

Carpaccio de piña al azafrán con helado de coco

Ingredientes:

1 piña (natural)
azúcar

azafrán en hebras
helado de coco

Preparación:

Cortar la piña muy fina. Hacer un almíbar con el azúcar, el azafrán y una parte proporcional de agua, cocerla durante 30 minutos, conservar la piña en el almíbar, y cuando se vaya a servir colocar la bola de helado de coco en el centro.

Helado de coco: mezclar el coco rallado, la leche y el azúcar. Montarlo, añadiéndole las claras de huevo.

Especialidad repostera creada por **Gilberta Iváñez Bernabeu,** jefe de cocina de la Hostería de Mont Sant, de Xàtiva (Valencia).

«Para mí resulta maravilloso, porque el azafrán le da un gusto especial y, sobre todo, es natural al paladar; es buenísimo, en todos los sentidos», comenta **Gilberta.**

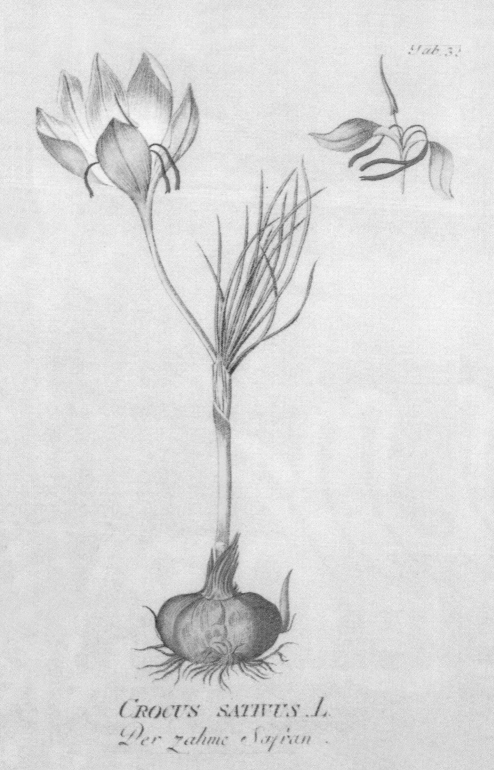

Tab. 32

CROCUS SATIVUS. L.
Der zahme Safran.

Botánica

«*El azafrán es muy conocido y vulgar en todas las partes de Europa. Tiene las hojas angostas, y tanto, que parecen cabellos o juncos, la raíz gruesa, redonda, semejante a la de un bulbo. Sus flores son perfectamente moradas, y preceden las dichas flores, en el nacer, a las hojas. De en medio de ellas penden ciertas hebras rojetas, de las cuales principalmente se aprovecha la vida humana.*»

Laguna
(Médico de cámara del emperador Carlos V)

En la *Farmacopea Española* (Madrid, 1884, págs. 20/21), leemos: «*AZAFRÁN* —Crocus sativus a officinalis L. *Iridácea herbácea vivaz, con bulbo radical y espata uniflora; hojas lineares, encorvadas, coetáneas con la flor; perigonio violado de tubo exerto, y lacinias ancho-lanceoladas; estilo con tres estigmas más largo que los estambres, en forma de bocina, denticulados en el borde, de color anaranjado —España.*»

Según el criterio propuesto en el *Tratado de Botánica* de **Strasburguer** (1981), basado en el Código Internacional de Nomenclatura Botánica, la especie azafrán taxonómicamente está clasificada de la forma siguiente:

— División: Spermatophyta.
— Subdivisión: Magnoliophytina (Angiospermas).
— Clase: Liliatea (Monocotiledóneas).
— Subclase: Liliidae.
— Superorden: Liliales.
— Orden: Liliales.
— Familia: Iridaceae (familia botánica que cuenta con más de 60 especies).
— Género: Crocus.
— Especie: Crocus sativus Linneo.
— Nombre vulgar: Azafrán, azafrán de otoño, zafrán.

Crocus Sativus L., en el Libro Flora peruvianae et chilensis. Museo de la Real Farmacia de Madrid.

El azafrán está constituido por los estigmas (generalmente unidos por un pequeño trozo de estilo) de *Crocus sativus L.*, recolectados en otoño (finales de octubre y comienzos de noviembre), durante la floración.

Se trata de una planta bulbo-tuberosa, originaria de Asia Menor, provista de hojas muy estrechas y largas. La flor presenta un peciolo de color lila con venas violáceas, dotado de un tubo largo, tres estambres, un estilo fino de ese mismo color y tres estigmas largos, en forma de embudo, rojos, que sobresalen de la flor.

El azafrán presenta un tallo formado por dos bulbos redondeados, superpuestos, recubiertos de varias capas fibrosas, de las que nacen las hojas, largas y estrechas, casi lineales, todas ellas radicales. Las flores están situadas en el extremo de un corto tallo con un perianto petaloide grande, coloreado y un fruto en una cápsula.

En cuanto a los estigmas, la *Farmacopea Española* (Madrid, 1884, págs. 20/21) especifica lo siguiente: *«Desecado, circula por el comercio bajo la forma de un conjunto de hebras, enredadas, de color rojo anaranjado oscuro, mezcladas con otras blancas (estilos) más delgadas; las primeras, de tres centímetros de longitud, cilíndricas por un extremo, e insensiblemente dilatadas por el opuesto, cuyo borde es festonado de amarillo y hendido por un lado; el microscopio descubre en ellas haces fibrosos y células con material colorante, esencia y aceite fijo; olor de la masa intenso* sui generis*; sabor aromático y amargo, y tiñe la saliva de amarillo...»* Y advierte: *«Deséchase el muy seco, poco aromático y oscuro, el abundante en hebras blancas, húmedo, untoso o mezclado con cuerpos extraños...»*

Los estigmas —que contienen un aceite volátil, que parece ser el principio activo del azafrán, agua, ceras, ácido málico, celulosa, óxido de hierro, materia colorante, sustancias gomosas y albúminas— son de color rojo ladrillo, tienen de 20 a 40 mm de largo cuando están secos, y de 35 a 50 mm si se humedecen con agua; tienen forma tubular alargada, abiertos por un extremo, ensanchándose hacia arriba a manera de cucurucho, el extremo superior está dividido y presenta un margen finamente dentado; el fragmento de estilo que mantiene unidos los estigmas es de color amarillo pálido y, como máximo, tiene 5 mm de longitud.

El olor del azafrán es fuertemente aromático. El sabor, a especia aromática, ligeramente picante, algo amargo, no dulce, que recuerda al yodoformo; la saliva, en efecto, adquiere un color amarillo intenso.

El azafrán es una planta bulbo-tuberosa de hojas muy estrechas y largas, cuyas flores violáceas se encienden con los primeros rayos del amanecer. (Foto: Ana María Gómez Romero.)

113

Composición química del azafrán

Un total de once componentes conforman el ser químico del azafrán cuyo orden de importancia es el siguiente:

Azúcares	13/14 %
Proteínas.	10/14 «
Gomas y dextrinas.	9/10 «
Humedad y volátiles (a 105 ºC)	8/10 «
Crocina.	8/11 «
Almidón	6/7 «
Pentosas	6/7 «
Cenizas	5/8 «
Fibra cruda	4/5 «
Picrocrocina	2/5 «
Total de solubles en H_2O	55/65 «

La fórmula molecular del azafrán es: $C_{44} H_{64} O_{24}$

Características organolépticas

Aspecto: flexible y resistente.

Color: hebras con los estigmas de color rojo vivo brillante.

Aroma: intenso, seco y penetrante al tostado propio (exento de cualquier olor ajeno al identificativo del azafrán). Ligero aroma a «mies» o hierba fina seca con reminiscencias florales.

Sabor: (en infusión): inicial: amargo, aromático y seco (no astrigente), retronasal: sabor largo, vuelve el sabor a mies y tostado al regreso.

En cuanto a su conservación, el azafrán deberá mantenerse al abrigo de la luz y de la humedad, en recipientes bien tapados, de metal o de vidrio —preferiblemente opaco—, y, sobre todo, nunca de plástico, o recubierto de papel oscuro, y siempre en lugares frescos y secos, porque el azafrán —los estigmas— pierde rápidamente buena parte de sus propiedades naturales, como el color, y el aceite esencial se volatiliza con bastante facilidad. En este sentido, un erudito en la materia, **Amado Valenzuela,** recuerda: *«El azafrán tostado puede guardarse años y años sin que apenas sufra más merma si está bien conservado. Lo que pierde es algo de color, alcanzando con el paso de los tiempos tendencia al oscuro.»* Una forma rápida de comprobar la edad del azafrán en concreto es observando las hebras, que debieran ser blancas o amarillas —cuando son frescos, o de la cosecha—; si evolucionan a marrones u ocres, demuestran que éste es viejo.

El azafrán está compuesto por tres sustancias químicas: el *safranal,* que le proporciona el aroma; la *picrofina,* el sabor, y la *crofina,* el olor.

Ciclo biológico del azafrán

«Las tierras del azafrán deben ser meticulosamente preparadas de tal modo que el mullido de las misma alcance un espesor y profundidad entre los 30/40 centímetros, procediendo antes a un abonado, a ser posible con estiércol de oveja, capaz de dar negrura a la tierra cuando se tiende.»

Amado Valenzuela

El cultivo

El azafrán se cultiva en pequeñas parcelas de terreno, por lo que las labores necesarias suelen hacerse con herramientas manuales, sin emplear mucha maquinaria. Las tierras en que mejor crece son las ligeras algo arenosas y beneficiándolas con estiércol.

En primer lugar, se hace una minuciosa y atenta preparación del terreno, hasta lograr que quede completamente despejado y desmenuzado. Posteriormente, se elegirán bulbos completamente sanos y limpios en sus capas más externas y se realizará su plantación, empleándose de 4.200 a 4.500 kilogramos de bulbos por hectárea de terreno. La mano de obra necesaria para una hectárea de cultivo oscila alrededor de los 250 jornales, de ahí la dificultad de establecer plantaciones de gran magnitud. Es preciso hacer hincapié en que se trata de un cultivo de tipo familiar, realizado en pequeñas parcelas. *«La plantación se hace abriendo con la azada un surco de veinte centímetros de profundidad, por diez o*

117

Momento de la plantación de los bulbos. (Foto: Ana María Gómez Romero.)

doce de ancho, yendo para cada hombre que parte la tierra cuatro mujeres, colocando, casi unidad y de dos en dos, los bulbos, es decir, que en cada surco —llamado "liño"— hay dos series paralelas de cebollas. Cuando ha llegado al extremo opuesto, vuelve al sitio que empezó, y dejando una superficie de diez centímetros del surco abierto, empieza a abrir otro paralelo, envolviendo al mismo tiempo el bulbo del anterior con la tierra que de ésta va sacando y emparejando a la vez con el pie la desigualdad producida en el terreno por la mullición, prosiguiendo de la misma forma hasta la terminación. En la plantación de cada celemín invierten un jornal y los cuatro de las mujeres, pagándose a éstas a razón de tres reales cada una, y al hombre de cinco a seis reales, con su correspondiente "moje" (cantidad de patatas y aceite para guisado a las cinco)», escribía **J. A. López de la Osa** (ver Bibliografía), a finales del siglo XIX. Otro especialista, **E. Lourdy**, hace especial hincapié en el rendimiento del suelo: *«De cada hectárea se obtienen unos 12.000 kilos de bulbos, una vez efectuadas las tres recolecciones anuales de rosas, pudiendo venderse la mitad de éstos, pues con 6.000 kg/ha es suficiente para la nueva plantación.»*

Labores a tener en cuenta a la hora del cultivo

En primer lugar, en otoño se labra el terreno con el arado de vertedera, profundizando unos 30 cm, para que se ahueque la tierra y recoja las aguas que caen en esas fechas.

A continuación se procede a limpiar el terreno de las piedras y malas hierbas.

En enero se abona con estiércol, enterrándolo mediante un pase del arado, a la vez que se eliminan las malas hierbas.

En primavera se realizan dos nuevas pasadas del arado, esta vez más superficiales, allanando la tierra después con un tablón o rodillo.

La plantación de los bulbos se hace entre San Juan y San Pedro, a finales de junio.

Si a finales de septiembre o comienzos de octubre se observa un endurecimiento de la superficie del terreno, es del todo obligatorio efectuar el descostrado, pasando varias veces un rastrillo, arrastrado por caballerías, para evitar que se forme costra en la capa superior del suelo, con el máximo cuidado para no dañar los brotes, facilitando, al mismo tiempo, el nacimiento de los tallos del azafrán, mientras se eliminan de nuevo las malas hierbas. Dado lo delicado de este trabajo, también suele hacerse con azada o legón.

A finales de octubre se lleva a cabo la recolección de las rosas.

Tras la recolección, se pasa nuevamente el arado para mullir el terreno, apelmazado tras haber sido pisado al recoger las rosas.

En primavera, cuando la cerda está crecida, se da al campo una labor de azadón

La recolección del azafrán requiere un esfuerzo casi sobrehumano. (Foto: Ana María Gómez Romero.)

o arado, para matar las malas hierbas. La cerda sigue creciendo y a finales de abril o principios de mayo, cuando aumentan las temperaturas y comienza a secarse, se siega o se deja como pasto para las ovejas. Posteriormente comienza el reposo de la planta y se le da otra cava con el arado contra las malas hierbas.

Factores climáticos

El ciclo de cultivo o vida del azafrán está calculado en tres años; al cuarto año se origina una reproducción de bulbos, que asoman al exterior y obligan a levantar la plantación. La planta no es exigente para el clima, si bien le perjudican las escarchas matinales cuando se halla en pleno apogeo de floración; los veranos secos proporcionan estigmas de mejor color y aroma; pero veamos a continuación cuáles serían las condiciones óptimas para el cultivo de azafrán, a nivel climatológico:

Precipitaciones	Radiación solar
(en milímetros)	*(horas)*
Anuales: 450	Anuales: 2.340
En marzo: 31	Mediodía: 6,41
En agosto: 60	P. vegetativo: 520/744
P. vegetativo: 126	P. floración: 350/420
P. floración: 153	Mediodía:
Días al año: 95	P. vegetativo: 4,96
ETP anual: 660	Mediodía:
Déficit: 220	P. floración: 7

El azafrán, por lo tanto, es poco exigente en clima, soportando bien las bajas temperaturas invernales; sin embargo, le afectan los inviernos muy rigurosos, las temperaturas superiores a los −15 ºC pueden rajar los bulbos pudriéndolos en poco tiempo. En cuanto a los meses estivales, las altas temperaturas del verano apenas le perjudican; sí son de temer las escarchas matinales de los meses otoñales, que coinciden con el pleno apogeo de floración de la planta. Las mejores lluvias son las de marzo, que coinciden con la formación del bulbo, así como las precipitaciones de finales de septiembre o comienzos de octubre, que contribuyen a que el terreno mantenga la suficiente humedad, y la rosa brota con rapidez. Como dato del mayor interés a tener cuenta: los veranos calurosos y secos proporcionan estigmas de mejor color y aroma. *«Para una buena "florada" habrá que contar con un mes de marzo de aguas sin "algarazos" y suave cierzo. En estas condiciones los bulbos quedan "preñados", siendo su posterior germinación»*, subraya **Amado Valenzuela**.

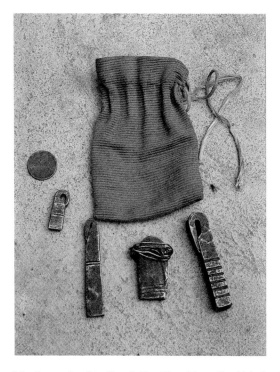

Pesas tradicionales para el azafrán. (Foto: J. Alvar. Museo Monográfico del Azafrán.)

El azafrán en la rotación de cultivos debe seguir a otra cosecha que haya sido bien abonada, siendo un factor fundamental que el terreno sea rico en materia orgánica (estiércol), aunque responde bien a un abonado potásico y fosfatado, para la obtención de una cosecha rentable; no debiendo cultivarse en parcelas con exceso de humedad, pues origina la podredumbre de los bulbos.

Facilitamos a continuación algunas de las medidas de superficie tradicionalmente utilizadas en los cultivos de azafrán de Aragón:

1 Yugada = 12 caíces = 4.423,68 m².
1 Caíz = 24 pasos (al cuadrado) = 368,64 m².
1 Paso = 0,80 m.
1 Jaime = 15 cm.

En cuanto a los niveles de producción idóneos, según establece el Consejo Regulador de la D.O. «Azafrán de La Mancha», éstos serían para una cuartilla de tierra:

1º año: 1 libra/cuartilla. (3 kg/ha) «Rosilla»
2º año: 4 libras/cuartilla. (9/10 kg/ha)
3º año: 3 libras/cuartilla. (8/9 kg/ha)
Estableciéndose la media en 2,6 libras/cuartilla.

Este dato se traduciría en:

1.- 2,6 libras-cuartilla $\times$ 8 cuartilla/ha = 20,8 libras/ha.
2.- 20,8 libras $\times$ 460 g/libra = 9.568 g = 9.568 kg/ha.
3.- Producción media (aprox.) = 9,6 kg/ha (para un ciclo de cultivo de 3 años).

De este modo es fácil llegar a la conclusión de que, para una producción de unos 40.000 kg, deberían estar dedicadas al azafrán alrededor de 4.166,7 ha. O, lo que es lo mismo, por cada 5,5 hectáreas de terreno dedicadas al azafrán, se obtendrán aproximadamente unos 2,5 kilos de rosa.

La recolección

«La cosecha de azafrán tiene que ser recogida tan pronto como se abren las flores, o si no se pierde.»

Robert Turner (realista inglés de la época de **Carlos II**)

En el mes de octubre comienzan a aparecer las primeras rosas —flores del azafrán—. La flor asciende desde el bulbo a través del tallo, asomando con las primeras horas del alba. Sale cerrada e irá creciendo y abriéndose según avance el día. Las rosas surgen diariamente, dando un máximo de cuatro rosas cada tallo.

La recolección viene a durar entre 15 y 29 días. A los ocho días de haber comenzado a aparecer las primeras rosas en el campo, se produce la primera «florada» o máxima cantidad de flores a lo largo de toda la campaña.

Canastas de mimbre con rosas de azafrán recién cogidas. (Foto: J. Alvar.) Museo Monográfico del Azafrán.

Las rosas se recogen a mano y de mañana, con las primera luces y con gran cuidado, ya que al ir abriéndose se hace más difícil su recogida; se trata, por tanto, de una labor muy delicada, que generalmente realizan las mujeres. Pueden dejarse dos o tres días sin recoger, aunque cuanto más marchitas estén, será más difícil cogerlas y posteriormente esbrinarlas.

La flor alcanza una altura sobre el suelo de 10-12 cm. Según se va cortando, se echa en el interior de cestos de mimbre, conocidos como «cestas de rosas». Cada flor no recogida por la mañana «muere» por la noche. Es preciso, además, recogerla antes de que el sol pueda darle de lleno; si hubiera escarcha hay que esperar a que la flor quede erguida. **López de la Osa,** a finales del siglo XIX escribía lo siguiente: *«Los hombres rehúyen la operación de coger la rosa, a causa de tener que ir todo el día inclinados, formando ángulo recto con las piernas y el cuerpo, sintiendo grandes dolores en la región lumbar, por cuya razón éstos suelen coger muy poca, ocupándose más bien en trasladar la rosa de los azafranales a las casas, tan pronto como han llenado un capacho o una banasta, a fin de que a las mondadoras no les falte.»* Hay un dicho popular manchego, que se transmite generacionalmente, que recuerda: «la recogida del azafrán ha de ser a mano y espalda».

Los mozos del Valle del Jiloca todavía cantan esta canción durante las jornadas de la recolección:

Cuando vas de mañanica a coger el azafrán quisiera ser la «rosada» para poderte besar.

El ciclo de crecimiento de esta planta es de cuatro años, y los dos últimos proporcionan las mejores cosechas de azafrán.

Esbrinar

Cuando querrá el Dios del cielo
Y la Virgen del Pilar
Que se acaben los «zafranes»
Que me canso de «esbrinar».

La «pelanda» de las rosas de azafrán es una labor colectiva que incentiva la relación humana. (Foto: Fermora.)

Una vez recogidas las rosas en cestas de mimbre, se trasladan a casa, donde se procede a la separación del azafrán —los estigmas— del resto de la flor; labor que se denomina esbrinar, mejor conocida como «monda», considerada la labor más delicada de todo el proceso.

En primer lugar se depositan las flores en el centro de una mesa —un poco más baja de lo habitual, para hacer más cómoda la postura que se adopta en este trabajo—, alrededor de la cual toman asiento los esbrinadores, que son mayoritariamente mujeres. También es fácil que coincidan las tres generaciones de una familia, con el calor del brasero de la mesa camilla, ocupadas en la monda de las rosas del azafrán.

El esbrinado se lleva a cabo cogiendo la rosa con la mano izquierda, para, con la diestra, abrirla por el extremo del tallo, separando de este modo los estigmas, o brines, que son el azafrán. Seguidamente se depositan en un recipiente, o formando un montón a la derecha del esbrinador, porque cada uno/a tiene su propio montón.

Mientras dura la campaña, es preciso esbrinar todos los días —en este caso, las noches—, no dando lugar a que las rosas recogidas por la mañana se pongan mustias, lo que, se ha dicho antes, dificultaría la extracción de los delicados estigmas.

Es uno de los pocos trabajos de este cultivo que precisa mano de obra ajena a la familia, por lo que era —y sigue siéndolo— preciso contratar esbrinadoras que cobran su sueldo en especias (exactamente la cuarta parte del trabajo resultante realizado).

De vez en cuando, la dueña de la casa va pesando el azafrán esbrinado por cada trabajador mediante una balanza de cruz, anotando meticulosamente en un cuaderno la tarea realizada por cada uno de los mondadores. El azafrán tal como queda tras el esbrinado se conoce con el nombre de «azafrán en verde».

El esbrinador, o esbrinadora, que en una sola jornada monda libra y media (en verde), puede presumir de ser persona hábil.

Poco, por no decir nada, ha cambiado en un siglo esta labor artesanal de esbrinar azafrán, como podemos apreciar en el libro *Cultivo del azafrán*, de **J. A. López de la Osa:** «*Las mujeres van cogiendo una a una las rosas, las abren por el tallo, cortan los tres estambres por la parte que en dicho tallo se unen, los depositan en el plato y arrojan al suelo tallo, corolas y demás partes de la flor; con-*

El azafrán español es el mejor del mundo. (Foto: Francesca Torre.)

tinuando así todo el día, gran parte de la noche, si hay mucha rosa detenida, y no cesando más que lo necesario para comer.» Y amplía: *«En cada gramo de azafrán seco entran los estigmas de nueve flores. Una mujer, por muy experta que sea, no monda al día más que dos o tres onzas, necesitando para ello que pasen por sus manos de 12.000 a 15.000 flores...»* Otro especialista, **Amado Valenzuela,** también confirma que la tarea de esbrinar sigue haciéndose siguiendo las mismas normas ancestrales: *«Las manos no paran ni un momento, coge la izquierda la flor de la mesa de la derecha con el índice y el pulgar. Sistemáticamente son los mismos dedos de la derecha quienes abren la rosa de un solo golpe partiéndola por la mitad, para en el segundo movimiento sacar los "brines" juntos y sin romperlos, y tras un giro de muñeca ponerlos en el plato.»*

Tueste

«El azafrán para su proceso final y conservación es preciso secarlo, tostarlo. Se utiliza un arnero o cenaza, en forma de aro, en el que va montada una finísima tela metálica. Se extiende sobre esa tela el azafrán ya montado, en proporción justa y se coloca sobre un brasero, con lumbre también ajustada para que no se arrebate el "tueste". Tiene un punto de tostado, que es donde se puede malograr todo el esfuerzo realizado hasta ese momento con el azafrán.»

Francisco Domínguez Tendero

Varias familias de Consuegra reunidas ante el tueste. (Foto: Francesca Torre.)

Una vez mondada toda la rosa, actividad que ha requerido habilidad, rapidez y buena vista, y el posterior pesado, se extienden los estigmas sobre un cenazo o «ciezo», de malla o lino, formando una capa de unos 2 cm, colocándose al amor de un foco de calor débil pero constante y permanente, consiguiéndose así un deseado tueste lento, homogéneo y progresivo, de forma que irá tomando color más oscuro, sin que se alteren las propiedades esenciales del producto, como el color o el aroma. Esta labor, la más delicada a nuestro juicio de todo el proceso, siempre deberá ser realizada por la misma persona, la que goza de mayor experiencia en «tueste», pues no es fácil conocer muy bien el punto justo de tostado; para darle la vuelta, se vuelca en otro cedazo; según el grado de humedad, el azafrán —los estigmas— irá disminuyendo de volumen.

También **J. A. López de la Osa** se interesó por esta delicada actividad del tostado del azafrán, y, como podremos ver a continuación, tampoco ha sufrido grandes cambios un siglo después: *«Con unos cedazos de 30 centímetros de diámetros con una elevación al aro de 10 a 15 cm proceden al tueste, colocando el cedazo sobre la brasa y encima, extendiendo en toda la superficie de aquél, una capa de azafrán de un centímetro poco más o menos de espesor la cual, por el efecto del calor, va perdiendo el agua hasta que la parte inferior está tostada, y entonces, sin tocar el azafrán, lo vuelven colocándolo sobre otro cedazo, repitiendo, como es consiguiente, esta operación hasta dejarlo completamente seco.»*

Es preciso recordar que en la operación del «tueste» el azafrán pierde aproximadamente el 80 por ciento de su peso.

Para su posterior conservación se requieren locales muy secos y de temperatura uniforme. Se da la circunstancia de que el mejor azafrán es siempre el de la última cosecha; conforme pasan los años el producto va perdiendo cualidades organolépticas.

Para considerar mejor el soberano esfuerzo realizado por todas las personas que, desde principio a fin, han intervenido en la obtención del azafrán, es preciso recordar algunos datos, como:

- Se necesitan unas 75.000 rosas para obtener una libra de azafrán; de modo que cuando vemos una onza de esta especia, debemos imaginar el producto de 4.500 flores.

- Para obtener un kilogramo de azafrán, por lo tanto, son necesarios 80 kilogramos de rosas aproximadamente.

Medidas tradicionales para pesar el azafrán

1 caíz = 8 robos = 140 kg.
1 robo = 17,5 kg.
1 libra = 12 onzas = 342 g (en Aragón)
16 onzas = 462 g (en Castilla-La Mancha)
1 onza = 28,5 g.
1 perra gorda = 10 g.
1 perra chica = 5 g.

Una forma rápida para comprobar la edad del azafrán en concreto es observando las hebras, que debieran ser blancas o amarillas —cuando son frescos, o de la cosecha—; si evolucionan a marrones u ocres, demuestran que éste es viejo.

Reproducción de la cebolla

«De cada hectárea se obtienen unos 12.000 kilos de bulbos, una vez efectuadas las tres recolecciones anuales de rosas, pudiendo venderse la mitad de éstos, pues con 6.000 kg/ha es suficiente para la nueva plantación.»

E. Loudy

Todos los años, de cada bulbo plantado se forman dos o tres cebollas nuevas. Cada una de ellas tiene a su vez hasta cuatro yemas florales dependiendo del tamaño. Esas yemas irán convirtiéndose en bulbos nuevos, nutriéndose del que proceden, que se va agotando hasta morir, quedándose reducido a una capa negruzca adherida a la base de las nuevas cebollas.

Apertura del surco para descubrir el bulbo del azafrán. (Foto: Ana María Gómez Romero.)

Al igual que la flor, el ciclo vegetativo del bulbo resulta significativo. Un bulbo nace un año y muere al siguiente, después de haber dado flores en otoño y producido nuevas cebollas en primavera. Así sucesivamente año tras año, de forma que el suelo permanece poblado de cebollas que no cesan de superponerse, pues las nuevas brotan encima mismo de las del año anterior, devorándolas sin piedad.

A los tres años, de un solo bulbo habremos conseguido 9 nuevos, habiendo muerto los intermedios. Ésta es, sin duda, otra de las actividades que el agricultor tiene que ir desarrollando, en el laborioso programa de actuaciones a que obliga la obtención de esta especia.

«Cuando el tiempo lo permite y sin prisas, pero sin pausa, se procede al despojo de las hojas secas que cubren los bulbos, separando éstas de la planta madre. El culo (disco de la cebolla donde crecen las raicillas) debe estar también separado, con cuya operación queda limpia la cebolla, seleccionando las picadas y menudas de aquellas que luego han de servirnos como reproductoras», subraya **Amado Valenzuela**. Un dato del todo relevante a tener en cuenta, es que la planta nueva exige como requisito indispensable el no haber sido destinadas las tierras a igual producción por lo menos durante veinte o treinta años.

El espartillo —conocido vulgarmente como las barbas que crecen en el bulbo— cuando adquiere unos 40 cm de longitud se siega y se orea sobre el terreno, sirviendo de abono natural de éste. También, una vez seco, se utiliza como nutritivo alimento del ganado, sobre todo vacas y cabras, para que den mejor leche. Y la cebolla sobrante, así como las túnicas de ésta, hasta mediados del siglo xx, las clase humildes del Valle del Jiloca la utilizaban para el relleno de colchones y jergones.

Esfarfollar

«Las cebollas del azafrán tienen una periodicidad de 3 a 5 años; pasado este tiempo, los bulbos se han multiplicado tanto bajo la tierra, que, por el número de hijos generados, quedan muy pequeños y enfermos; en ambos casos, no sirven como reproductores. Antes de que esto ocurra se procede al renuevo de la cebolla, sacándola de la planta madre para esfarfollarla.»

Amado Valenzuela

Detalle de un carrillo dedicado a esfarfollar en el Valle de Jiloca. (Foto: «Museo Monográfico del Azafrán».)

El ciclo de cultivo o vida del azafrán está calculado en tres años; al cuarto año, como se ha dicho anteriormente, se origina una reproducción de bulbos, que asoman al exterior y obligan a levantar la plantación.

Por lo tanto, cada cuatro años es necesario cambiar el azafrán de terreno, ya que produce toxinas que afectan progresivamente a su crecimiento, haciendo ese suelo inhábil para este cultivo, al menos durante 15 años.

A comienzos del mes de mayo se extraen los bulbos en aquellos campos en los que se haya cumplido el ciclo de cultivo, habiéndose reproducido.

Las cebollas son desenterradas con ayuda de la azada, o bien con la vertedera, recogiéndose en cestas de mimbre.

Ya en casa, son retiradas las raíces y otros restos de la cebolla madre, así como las dos capas del bulbo precedente. A toda esta labor, no menos artesanal, se la denomina «farfolla»; de ahí el término «farfollar».

Una vez mondada la cebolla, se conserva en un lugar fresco y seco, en espera de finales del próximo mes de junio para su plantación. Iniciándose, entonces, un nuevo ciclo.

Calidades

Flores de azafrán, variedad «río», en una suerte del Valle del Jiloca. (Foto: Diego Arribas. Museo Monográfico del Azafrán.)

Existen catalogadas infinidad de clases de azafrán, pero cinco serían las más abundantes y reconocidas oficialmente según las normas de Calidad del Comercio Exterior del Azafrán, establecidas en 1988 por el Ministerio de Economía y Hacienda (N.C.C.C., 1988), que citamos siguiendo un orden alfabético:

Coupé: Se trata de una variedad que sólo tiene estigmas. Su color es rojo fuerte. Se elabora cortando a mano o a tijera los estigmas. El índice de impurezas máximo tolerado de la misma planta es del 5 por ciento. Se trata de la más pura y cotizada de las variedades de renombre, obtenida a partir de cualquiera de ellas, siempre que sea de cosechas recientes. El poder colorante exigido para esta variedad se sitúa entre 120 y 190 grados.

En polvo: Se llama así a cualquier tipo de azafrán previamente molido, compuesto por tres sustancias básicas: *safranel, picrofina y crofina* (ver Glosario); su poder colorante es superior a los 120 grados. El preparado molido, así llamado al azafrán molido, ofrece un poder colorante de 60 grados como mínimo.

Mancha: Se trata de la variedad de azafrán con mayor prestigio y categoría de todo el mundo, cosechado exclusivamente en la región castellano-manchega (principalmente en las provincias de Albacete, Cuenca y Toledo). Los estigmas, con mucho cuerpo, mayores que los estilos, son de un color rojo intenso. El 4 % está formado por restos florales de la misma planta y otras clases inferiores. Su poder colorante puede alcanzar los 300 grados. Su aroma es penetrante.

Río: Variedad de azafrán cosechado principalmente en el Valle de Jiloca (Teruel). Su alargado estilo presenta la misma longitud que los estigmas, caracterizado por dos colores: rojo y blanco. Es una variedad de calidad media, cuya tolerancia se sitúa entre el 7 y el 10 por ciento de restos florales de la misma planta y otras clases florales. Su característico cromatismo rojo vivo supera los 150 grados de poder colorante.

Sierra: Esta variedad tiene la particularidad de presentar unos estigmas más pequeños que los estilos. El 10 % está formado por restos florales de la misma planta y otras clases inferiores. Su singular cromatismo rojo-amarillento alcanza un poder colorante de 110 grados.

Es preciso señalar, además, que las variedades **mancha, río** y **coupé,** a su vez, pueden clasificarse en: corrientes, escogidísimos, escogidos, medios, regulares y superiores, según el tamaño del estigma y del filamento.

Adulteraciones

«La flor del cártamo suele llamarse "azafrán salvaje", y ansí los mercaderes falsarios suelen a vueltas del azafrán venderla, mas conócese fácilmente el engaño, porque las hebras de la flor del cártamo, aliende que son más gruesas y más pesadas, tienen un color desgraciado y llegadas a la boca no se muestran nada aromáticas. Aunque sirven todavía para teñir los potages de gente pobre.»

Laguna (Médico de cámara del emperador **Carlos V**)

Algunas plantas silvestres han llegado a utilizarse para adulterar el azafrán. (Foto del autor.)

En la Venecia de **Marco Polo** (siglo XIII) el precio del azafrán llegó incluso a superar al de oro; actualmente, 750 años después, continúa siendo la especia más cara del mundo.

Ante esto, no es extraño suponer que la avaricia humana no perdiera oportunidad para llevar a cabo toda clase de manipulaciones, falsificaciones y adulteraciones con el azafrán.

Las adulteraciones del azafrán han sido frecuentes desde la Edad Media, sobre todo en forma de pulverización; por ello, es aconsejable adquirir el azafrán en hebra, cuya identificación resulta mucho más fácil. Durante el siglo XV, en Alemania se detectaron algunos casos de fraudes, siendo los culpables condenados y sentenciados de inmediato en la hoguera pública, ardiendo también las pruebas del delito.

Entre las adulteraciones detectadas más comunes desde hace siglos, se encuentra la mezcla de azafrán con otra planta, que guarda una cierta afinidad con el azafrán, en alguna de sus características, como ejemplo: el alazor (cártamo, también conocido como «azafrán bastardo»), la fibra de cáñamo, la maravilla (caléndula) o la salicaria.

El ingenio humano no ha tenido límites a la hora de adulterar esta preciada especia, motivado por el elevado precio que ésta alcanza en los mercados internacionales. Al azafrán en polvo se le ha llegado a echar hasta arcilla (ladrillo pulverizado). Otras formas de falsificación del producto es sumergirlo en agua azucarada, o con miel, para que el azafrán aumente su peso.

A comienzos del siglo XX —según leemos en una crónica de **E. Soler y Batlle** (1927)—, se acostumbraba a adulterar azafrán dejándolo en un lugar húmedo, o bien humedeciéndolo con glicerina, jarabe, miel o grasa, añadiéndole, además, sulfato bárico o carbonato cálcico, yeso, etc.

Pero las formas más frecuentes de adulterar el azafrán, sin duda, guardan una estrecha relación con dos plantas: el cártamo *(Carthamus tinctorius L.)*, y la caléndula *(Calendula officinalis L.)*. Igualmente se llevan a cabo falsificaciones con cúrcuma, flores cortadas en tiras de *Papaver Rhaeas*, *Punica granatum*, o incluso con los estigmas de variedades de azafrán inactivo *(Crocus versus, Crocus speciosus)*.

En el azafrán también se encuentran fibras de caña desecadas, así como filamentos de gelatinas coloreadas artificialmente. «*Estos fraudes se reconocen por los caracteres de la droga, o por el examen microscópico*», subraya **Ana María Gómez Romero,** directora de Certificación del Consejo Regulador de la Denominación de

Origen «Azafrán de La Mancha». El polvo de azafrán del comercio casi está sofisticado, por tal motivo, en la compra deberá darse preferencia al azafrán en hebra.

Como adulteraciones se han observado flores amarillas o partes de ellas, por ejemplo, de *Caléndula officinalis* (Calendulae flos.), o de alazor *(Carthamus tinctorius L.)*, que pueden reconocerse ya a pocos aumentos por las flores tubulares, identificándose igualmente por los granos de polen, que son mucho más pequeños.

Resultan menos frecuentes las adulteraciones con diversas especies de *Tagetes* (azafrán americano), o estigmas de *Crocus vernus L.* (azafrán silvestre), que son amarillos y presentan un denticulado fino en el borde superior; estilos de *Crocus sativus*, polvo de pimiento, polvo de cúrcuma, partidas de azafrán decoloradas y vueltas a teñir con colorantes tipo anilina, leño de sándalo y otros muchos.

Actualmente, en diferentes países de Oriente, como Sri Lanka, no se tienen escrúpulos para ofrecer cúrcuma por azafrán; lo mismo está sucediendo en naciones del Magreb, en las cuales se ha llegado a vender por pimienta roja brillante, polvo de cúrcuma, pétalos de cardo lechero...; en el tradicional mercado de Heraklion, de la isla de Creta, es fácil adquirir pétalos de caléndula debidamente envasados bajo el nombre de «safran» (azafrán). En algunos casos, las falsificaciones están tan bien hechas, que el comprador deberá ser experto en química para advertir el fraude. También se han detectado falsificaciones en forma de fibras de carne, en vez de hebras de azafrán; hecho habitual en los siglos medievales. Pero en honor a los comerciantes españoles en nuestro país es en donde menos casos de adulteración de azafrán se da.

Pruebas para detectar algunos fraudes

Para combatir los engaños, existen numerosos sistemas, algunos de los cuales queremos indicárselos a nuestros lectores.

Una prueba consiste en sumergir 3 estigmas de una sola planta en 1 litro de agua; pasadas 24 horas, si el líquido elemento se torna amarillo y los estigmas permanecen flotando y blancos, tenemos delante azafrán puro. Porque es preciso recordarlo, las hebras del azafrán amparado por el Consejo Regulador de la D.O. «Azafrán de La Mancha» colorean el agua hasta quedarse blancas; en cambio, otros azafranes no ceden todo su color al agua.

Para verificar esto mismo, pero en azafrán en polvo, el análisis deberá realizarse en laboratorios, puesto que es necesario el microcospio para observar las posibles manipulaciones que hayan sido realizadas. A finales del siglo XIX, un especialista en la materia, **M. P. Mínguez**, manifestaba: *«El fraude más difícil de reconocer es el que se practica mezclándose cártamo o caléndula.»*

Facilitamos a continuación una tabla —propuesta por **M. M Wickler** y **Cautier**—, que ayudará a evidenciar la sustancia sospechosa, sometiendo 10 gramos de la misma a maceración en agua fría durante 24 horas y tratándola por el nitrato argéntico y cloruro férrico; todo ello dará las siguientes reacciones, las cuales deberán conocerse para posibles identificaciones.

	Propiedades físicas de la tintura	Nitrato argéntico	Cloruro férrica
AZAFRÁN......	Perfectamente claro, de color rojo intenso, olor y sabor decidido de azafrán.	Ninguna alteración sensible.	Color pardo-rojo intenso.
CÁRTAMO.....	Bastante claro, color amarillo pardusco, olor y sabor débilmente herbáceos.	Precipitado en copos pardo-verdosos, líquido que sobrenada claro, de color amarillo-vinoso.	Color negro pardusco.
CALÉNDULA....	Muy claro, color amarillo de paja, casi inodoro, sabor débilmente amargo.	Precipitado gris-negruzco, voluminoso; el líquido que sobrenada claro, de color amarillo-vinoso bajo.	Precipitado negro, en copos, poco abundante; el líquido que sobrenada pardo negruzco.

El cártamo es, sin duda, la planta más utilizada para adulterar el azafrán. Por ello queremos destacar algunas de las características de su flor, para que el lector pueda establecer algunas diferencias respecto al *Crocus sativus*. La flor del cártamo se compone de un tubo rojo dividido por su parte superior en cinco dientes y en cuyo interior se encierran cinco estambres, soldados por sus anteras formando bóveda atravesada por un estilo largo. Además, el cártamo es seco y quebradizo, tiene olor débil y apenas tiñe la saliva de amarillo

Como consejo final: compre azafrán en rama, no en polvo y siempre en establecimientos acreditados o de garantía; el cual, aunque caro, evita posibles adulteraciones; con la más pequeña pizca, se podrá aderezar un plato, y darle un extraordinario aroma, sabor y color al mismo.

El oro rojo

«*Más vale ahorrar azafrán que pesetas*», recuerda un antiguo dicho español.

Dadas las singulares características de esta planta, así como el soberano esfuerzo de las personas a ella dedicadas, el azafrán, desde sus orígenes históricos, ha sido la especia más cara de los mercados, tanto orientales como occidentales. Tal es así que, en un momento determinado de la Edad Media, el precio del azafrán fue equivalente al del oro, en su valoración en onzas; no es una casualidad, por lo tanto, que el oro siga midiéndose en onzas.

«Cada tableta que ves ahí encima es equivalente a un lingote de oro de casi el mismo peso», comentaba **Maistro Doro**, contable de la Casa de los Polo, a **Marco Polo** (1254-1324), antes de su partida, en 1271, hacia la legendaria Catay, desde su Venecia natal, cuya república se convirtió, durante los siglos bajomedievales, en el mercado azafranero más influyente del Mediterráneo. Ante el inusitado interés que mostraba el joven **Polo** acerca de la mítica planta, el **Maistro Doro** no dudó en ampliarle: *«Con el azafrán compramos todo lo que vendemos. También vendemos el azafrán a su precio, cuando éste nos interesa; para aderezar las comidas, para tintes, perfumes y medicinas. Pero básicamente es el capital de nuestra compañía, con el que trocamos todos los demás artículos. Todo, desde la sal de Ibiza hasta el cuero cordobés y el trigo de Cerdeña. Del mismo modo que la Casa de Spinola en Génova tiene el monopolio del comercio de pasas, nuestra Casa veneciana de los Polo tiene el azafrán...»* El azafrán que comercializaba en los siglos XIII, XIV y XV la Casa veneciana de los Polo —según el propio **Maistro Doro**— procedía de la «terraferma», que coincide con la actual provincia italiana de Abruzzos, en donde se cultivaba y sigue cultivándose azafrán, en pequeñas parcelas orientadas al Adriático.

Momento del tostado en un hogar de Monreal del Campo (Teruel). (Foto: Museo Monográfico del Azafrán.)

Durante los siglos modernos (XVI, XVII y XVIII), Inglaterra se convirtió en uno de los centros productores de azafrán más importantes de Europa; el historiador **William Westmacott,** en su obra *Theolobotonología,* publicada en 1694, así se expresaba: «*Se ha vendido desde 20 chelines la libra hasta 5 libras esterlinas la libra de peso, hasta tal punto se obtienen ganancias del mismo. Se debe a nuestra negligencia el que no esté más propaganda (pues es una planta muy apropiada para nuestro clima y suelo), de modo que no tuviéramos que recurrir a España, u otros países extranjeros, para conseguirlo, sino que lo mostrásemos con orgullo de nuestros propios almacenes.*»

El arqueólogo y erudito español **Antonio Ponz** (1725-1792) también pondera la importancia de esta especia y justifica su elevado precio en el volumen III de su memorable obra: *Viaje de España* (págs. 181-182): «*... después se tuesta el azafrán a la lumbre o se cura al sol con aceite, en todo lo cual se han de observar muchas circunstancias para que no se malogre. El azafrán que se tuesta a la lumbre disminuye de cinco partes cuatro, y el que se tuesta al sol de cuatro tres. Visto lo que cuesta, ya no me parecía caro, aunque se vendiese la libra a más de cien reales*». Es preciso recordar nuevamente al lector que para conseguir un kilogramo de azafrán son necesarios unos 200.000 estigmas de rosa de azafrán.

El azafrán tradicionalmente se mide en libras (460 g); los precios de la libra en la campaña de 1997, oscilaron entre las 60.000 y 65.000 ptas. (precio al productor), siempre que fuera azafrán de la cosecha; «*los azafranes de cosechas anteriores se compraban o pagaban más baratos*», comenta **Ana María Gómez Romero,** directora de Certificación del Consejo Regulador de la Denominación de Origen «Azafrán de La Mancha». En 1997 el agricultor se comprometía a registrar su producción Denominación de Origen (con sus derechos y obligaciones que ello supone), y el precio mínimo que obtenía del comercializador era de 75.000 ptas./libra; lo que supone un incremento del 25 por ciento. En 1998, fruto de un pacto de caballeros, entre productores y comercializadores, se estableció un precio mínimo de compra, para aquellos azafranes que reúnan los requisitos de la Denominación de Origen; «*según un acuerdo entre empresas que están inscritas, no obstante esto es orientativo, porque* *en este producto es donde mejor se puede apreciar la ley de la Oferta y la Demanda»*, puntualiza **Antonio García Martín-Delgado,** presidente del C.R. de la D.O. «Azafrán de La Mancha». En el mercado es fácil encontrar el azafrán, en España, a unas 1.000 ptas./gramo; y en el extranjero, mucho más alto. El azafrán en polvo, en cambio, es notablemente más barato, porque casi siempre está formado por restos, y también es mucho más fácil de adulterar.

La rosa del azafrán

Como labios de fuego arrancados en noche de tormenta
y rayos de sol al tiempo despojados de su siesta
es el rojo rojo... ese que alimenta,
como eterno el perfume que derrama
en esas... esas manos cálidas y tiernas
que acarician los pequeños tallos que se amontonan
en pequeñas cestas

o en platos de porcelana
¡de esa que tiene solera!
Con ellos podría formar
un ramo de recuerdos y de penas
soñando fantasmas de noche de neblina.
Quienes la conocen afirman olvidar su aroma
¡pero como no recordarla...! si eres...
eres escarcha fluida y cobre
que tiñes mis dedos
y empapas el rocío del día.
Me emborracho en tu campo
y siento el dolor infinito de arrancarte
pero al tiempo, siento el latir de la vida
y miro tu cara
y veo tu estigma de rojo anaranjado.
Planta que das la color al alimento
volviéndolo manjar y no lamento.
Tú que tiñes telas vacías, huecas, incoloras,
no concretas en terciopelo dorado.
¡Cuántos hombres quisieran tenerte como amante
y despojarte de la ropa y conservarte!
¡Cuántas mujeres quisieran rociar su cuerpo y sentir el hechi-
zo de tu flor!
con formas y figuras...
con paisajes.
Pero tu eres suspiro que nace y muere en corto tiempo,
tienes que estar fresca y tierna para tomarte
y sin embargo eres eterna para tenerte.
Eres algo tan sutil, tan delicado
tan fuerte, tan valorado.
Eres reina del altar mayor de esa alacena,
eres la gracia, la chispa, quizás coqueta.

Yo, aún hoy, recuerdo los timbres de voz
de aquellas mujeres sentadas a la mesa,
y aquí sentada en este viejo sillón
oculta entre las frustraciones de la vida
veo a través de un prisma duro y transparente
que irradia colores de placer...
el cálido tono de sus membranas blandas
y el leve subir de un *frente* melancólica y esmerada.
Quisiera deshojarte con un leve soplo de aire
hacerte desaparecer en este cielo infinito... y olvidarte
pero, cómo no recordarte
en esta tu tierra de La Mancha
amante de anchas espaldas...

Aurora Mª José Argadoña Alfaro

(Albacete)

1er. premio de poesía, en el «V Certamen Poético Rosa del Azafrán», convocado por la Fundación Ortega y Gasset 1990.

El azafrán en España

Están cubiertas de flores
las calles de Monreal.
Son las mocitas que vienen
de coger el azafrán.

(Canción popular de la localidad de Monreal del Campo. Valle del Jiloca. Teruel)

La tradición azafranera de España ahonda sus raíces en la Alta Edad Media, siendo la civilización hispano-musulmana la que, en los siglos VIII y IX, recogió de los árabes el conocimiento de esta legendaria planta, cuyo cultivo no tardó en extenderse por todos los territorios de al-Andalus, siendo monopolizado por la alta burguesía andalusí. Al rey castellano **Alfonso X «El Sabio»** le debemos la frase: *«España es abonada en mieses; deleitosa de frutas; sabrosa de leche y de todas las cosas que de ella se hacen; alegre por buenos vinos, holgada de pan; dulce de miel y de azúcar; alumbrada de cera; cumplida de olio; alegre de azafrán...»* Durante los siglos bajomedievales (XIV y XV), la comunidad judía de Santa Coloma de Queralt (Tarragona), considerada una de las más influyentes de la Europa de su época, llegó a monopolizar el comercio del azafrán español por toda la cuenca mediterránea; paralelamente, las naves de la corona catalano-aragonesa, desde el puerto de la Ciudad Condal, transportaban el azafrán a Nápoles, y desde la capital de la Campania italiana se distribuía por todos los países del «Mare Nostrum».

En el siglo XV, en los territorios de la corona catalano-aragonesa, según confirman los documentos del Registro Aduanero del «Llibre del Dret», de Barcelona, el azafrán se convirtió en uno de los artículos comerciales más importantes; su cultivo se desarrollaba por extensas áreas del interior de Cataluña y, por supuesto, de Aragón. Se sabe que en la ciudad de Balaguer —actual capi-

El cultivo del azafrán se hace en estrechas y longitudinales parcelas, como podemos apreciar en esta imagen del término municipal de Camuñas. (Foto: Ana María Gómez Romero.)

tal de la comarca de La Noguera (Lleida), en donde, durante los siglos altomedievales llegaron a convivir en plena armonía las tres culturas de la España medieval: judíos, cristianos y musulmanes—, se obtenía el mejor azafrán de toda la cuenca mediterránea, conocido como «Ortsafran» (Azafrán de la Huerta).

A principios del siglo XX, la producción de azafrán en España superaba los 81.000 kilogramos; su progresivo descenso se debe, entre otros factores, a la exigencia de mano de obra cualificada en las diferentes labores relacionadas con esta planta, desde la preparación de la tierra hasta el tueste final de los estigmas.

Hasta 1936, el azafrán cubría buena parte del territorio español —provincias de Albacete, Alicante, Baleares, Ciudad Real, Cuenca, Guadalajara, Murcia, Navarra, Soria, Teruel, Toledo, Valencia y Zaragoza—; después de la Guerra Civil su área de cultivo se redujo considerablemente. (Ver mapas.)

Provincias azafraneras: A (1936), B (1999)

Actualmente, las provincias azafraneras españolas (por orden alfabético) son las siguientes: Albacete, Ciudad Real, Cuenca, Teruel, Toledo, Valencia y Zaragoza.

La producción actual española de azafrán está cifrada en 33.000 kg/año; repartida de la siguiente forma:

Albacete: 13.200 kg (40 %); Teruel: 7.335 kg (22,2 %); Cuenca: 4.950 kg (15 %); Toledo: 4.950 kg (15 %); Ciudad Real: 1.650 kg (5 %); Zaragoza: 915 kg (2,8 %).

Evolución de la superficie, producción, rendimiento, valor y precio del azafrán en España

AÑOS	Superficie cultivada (ha)	Producción total (kg)	Rendimiento (kg/ha)	Valor (millones de pesetas)	Precio medio al agricultor (pesetas/kg)
1914	12.460	124.220	10,01	12,363	99,5
1920	12.584	112.500	8,94	-	-
1925	13.220	123.300	9,33	-	-
1930	11.282	81.904	7,27	14,000	168,0
1935	9.485	79.705	8,40	14,000	140,0
1939	7.797	55.800	7,16	18,147	325,2
1940	6.881	40.699	5,91	14,000	340,0
1941	6.897	43.700	6,34	28,000	644,0
1942	5.991	36.509	3,09	24,000	649,0
1945	3.667	18.484	5,05	9,000	498,0
1950	2.511	15.990	6,37	17,000	1.058,0
1955	2.954	19.710	6,67	38,000	1.927,0
1960	4.875	44.327	9,09	96,000	2.136,0
1965	3.871	25.622	6,62	351,000	13.691,0
1970	5.219	39.201	7,51	398,000	10.155,0
1971	5.989	60.700	10,14	613,000	10.098,0
1972	5.765	58.100	10,09	583,000	10.054,0
1973	5.811	41.296	7,76	433,000	10.498,0
1975	4.313	32.580	7,55	815,000	25.000,0
1980	4.461	28.443	6,52	2.365,000	83.260,0
1985	4.233	26.145	6,18	1.384,000	69.356,0
1986	4.067	35.537	8,74	2.507,000	70.187,0
1987	4.209	34.556	8,21	3.025,000	88.444,0
1988	4.229	20.334	4,82	2.244,000	110.149,0
1989	4.193	25.671	6,12	2.995,000	116.672,0
1990	3.696	21.789	5,89	2.221,000	101.955,0
1991	3.298	23.654	7,17	2.087,000	88.243,0
1992	2.582	13.500	5,23	1.106,000	81.957,0
1993	1.878	14.647	7,80	1.134,000	77.461,0
1994	1.409	12.431	9	-	-
1995	1.165	7.965	7	-	-

Datos facilitados por la Junta Agronómica. Datos de la Sección de estadística del Ministerio de Agricultura y del Anuario de Estadística agraria. Ministerio de Agricultura.

En 1971, por ejemplo, la explotación de azafrán español —según datos facilitados por el Ministerio de Economía y Hacienda, Dirección General de Comercio Exterior de Productos Agrarios— fue de 33.359 kilogramos (30.680 kg de los cuales, en hebra, y los restantes, 2.678 kg molido). En 1996, 25 años después, la exportación total de azafrán al extranjero fue de 33.191 kg (24.369 kg en hebra, y 8.822 kg molido), confirmando una asombrosa estabilidad comercial de esta especia, siendo España el país productor de mayor cantidad y calidad de azafrán del mundo.

Las diferencias más significativas, sin embargo, se desprenden al analizar las valoraciones de tal volumen de negocio. Si en 1971, las ventas, por exportación al extranjero, de azafrán español alcanzaron la cifra de 311 millones de pesetas; en 1996, 25 años después, superaron los 2.550 millones de pesetas.

El dato más preocupante se desprende al analizar la superficie de terreno español dedicada al cultivo de azafrán. Si en 1914 eran 12.406 hectáreas, en 1994, ochenta años después, esta superficie ha quedado reducida a unas 4.500 ha; aunque los rendimientos se mantienen en una cifra adecuada: 6,71 kg/ha; datos, éstos, facilitados por la Junta Consultiva Agronómica y del MAPA (Ministerio de Agricultura, Pesca y Alimentación), en su Anuario de Estadística Agraria. Un cultivo de lujo, que actualmente supone todo un monopolio español: el 70 por ciento de la producción mundial.

En cuanto a la exportación de azafrán en hebra español, en 1991/1992 —según datos facilitados por «C.A.T.I.C.E.» (Centro de Asistencia Técnica e Inspección de Comercio Exterior), organismo dependiente del Ministerio de Economía y Hacienda, los mercados receptores de mayor volumen de compra fueron:

EE.UU: 3.384,04 kg.	Arabia Saudí: 448,27 «	Singapur: 232,44 «
Reino Unido: 1.022,62 «	Francia: 414,84 «	Alemania: 180,46 «
Japón: 937,48 «	Canadá: 394,54 «	Isla Mauricio: 173,78 «
E.A.U: 871,30 «	Taiwan: 282,82 «	Sudáfrica: 161,25 «
Italia: 694,58 «	Suecia: 262,18 «	Bélgica: 139,10 «
Omán: 539,16 «	Hong-Kong: 249,03 «	
Kuwait: 531,22 «	Bahrein: 247,12 «	

El azafrán en Castilla-La Mancha

Los caballeros de la Orden de San Juan, sin duda, tuvieron mucho que ver con el desarrollo del azafrán en toda la región manchega. Ya en el siglo XIX esta región producía el azafrán de mayor calidad de España, que es como decir del mundo. Actualmente, la Comunidad de Castilla-La Mancha protege a más de 300 municipios de larga tradición azafranera. Las localidades recomendadas, en todos los sentidos, para su visita entre finales de octubre y comienzos de noviembre, son las siguientes: Albacete, Alcalá del Júcar, Tobarra y Villarrobledo, en la provincia de Albacete; La Solana, Membrilla, Puerto Lápice y Villafranca de los Caballeros, en la de Ciudad Real; Campillo de Altobuey, en la de Cuenca, y Camuñas, Consuegra y Madridejos, en la de Toledo.

Zona de producción del «azafrán de La Mancha»

La región manchega dedica actualmente al cultivo del azafrán una superficie de 2.049 hectáreas, siendo su producción —toda ella dedicada a la calidad «mancha»—, en 1997, de 10.314 kilogramos; lo que representa el 80 por ciento de la producción total de azafrán de nuestro país.

Se estima en unas 5.000 familias manchegas las dedicadas al cultivo del azafrán; en época de recolección participan todos los miembros de la unidad
familiar, labor que ha de hacerse de principio a fin totalmente manual y artesanal. *«Hace falta mucha mano de obra, y especializada, es decir, que conozca el
procedimiento. No es un cultivo del que se suela vivir exclusivamente, porque
hablamos de un cultivo que no está industrializado en casi ningún aspecto, está
más bien considerado como una aportación más a la exportación»*, comenta
Antonio García Martín-Delgado, presidente del Consejo Regulador de la
Denominación de Origen «Azafrán de La Mancha».

Según informa el Consejo Regulador de la Denominación de Origen
«Azafrán de La Mancha», el azafrán que produce esa región se presenta al
consumidor únicamente en hebras, nunca molido. Las hebras serán flexibles
y resistentes con los estigmas de color rojo vivo y brillante. Su color, propio
del tostado, es intenso y penetrante, con un ligero aroma a mies y reminiscencias florales. Su percepción gustativa es larga y suave (en infusión), ini-
cialmente amarga, después persistente a mies y a tostado, éste realizado a
fuego lento en lugar de secado al sol proporciona su intenso aroma, mayor
contenido en safranal y poder colorante... Establecen las rigurosas normas
de calidad de esta calidad de azafrán, considerado por todos como el mejor
del mundo.

Las características que deberán cumplir los bulbos del azafrán de la D.O.
«Azafrán de La Mancha», serán las siguientes:

Tamaño: entre 2,5 y 3,5 cm de diámetro.
Color: blanco, sin presentar manchas violáceas, motas, picaduras o golpes.
Estado sanitario: correcto.

En cuanto a las características analíticas del «Azafrán de La Mancha», según
los datos recogidos del Consejo Regulador de la Denominación de Origen,
deberán ser:

Parámetro analítico Azafrán a granel Azafrán envasado

Humedad y mat. volátiles 7-9 % <11 % (m/m)
Cenizas totales - - <8 % (m/m)
Cenizas insolubles en ácido - - <1,5 % (m/m)
Extracto etéreo - - 3,5-14,5 % (m/m.)
Extracto soluble en agua fría - - <65 % (m/m)
Poder colorante (1) >200 >200
Poder aromático (2) >20 >20
Poder amargo (3) >70 >70
Contenido en safranal >65 % >65 % (4)

1. Expresado como medida directa de la absorbencia a 440 nanómetros, sobre peso seco.
2. Expresado como medida directa de la absorbencia a 330 nanómetros, sobre peso seco.
3. Expresado como medida directa de la absorbencia a 257 nanómetros, sobre peso seco.
4. Expresado en % del total de componentes volátiles.

Ante estos datos, no es extraño que el Presidente de la Comisión de Agricultura de las Cortes, y alcalde de La Solana (Ciudad Real), **Nemesio de Lara,** manifieste: «*El azafrán iraní es de un poder similar al de La Mancha, pero carece del aroma y buen sabor del castellano-manchego.*»

La «*Fiesta de la Rosa del Azafrán*» *de Consuegra*

> *«En agradecimimento a la tradición y, sobre todo, a sus agriculto-*
> *res, la ciudad de Consuegra dedica anualmente una fiesta a la rosa*
> *del azafrán, estrellando en flores de plata los corazones de los con-*
> *saburenses donde siempre encontrarán espacio estas flores errantes*
> *que llegaron del Oriente, para fijarse en el suelo castellano.»*

Ventura Leblic García

El clima benigno de Consuegra y la fertilidad de sus tierras, hace que en ellas se den los más variados cultivos; además del cereal, olivos, huerta y el viñedo —en donde predominan las variedades airén y cencibel—, se cultiva la rosa del azafrán, cuya flor, a modo de morado manto, cubre en otoño los campos de La Mancha y, especialmente, los de esta ciudad, con una historia casi tan antigua como el azafrán, que se extiende a la sombra del Cerro Calderico,

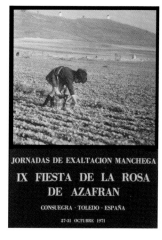

sobre cuya cresta «cabalgan» doce molinos de viento y en medio un castillo cargado de mitos y leyendas; paraje irrepetible en ningún otro lugar del mundo.

La localización en el sur de la provincia toledana, delimitando el sector más septentrional de La Mancha, influye en que en esta zona se den las coordenadas más idóneas, en todos los sentidos, para el cultivo de esta legendaria planta, en donde, desde hace mil años, se mantiene de forma totalmente artesanal

La llegada de la flor a esta ciudad de Castilla-La Mancha hay que buscarla, como en el resto de los antiguos territorios del al-Andalus hispano, en el siglo VIII, cuando la civilización hispano-musulmana, primero, y la gran influencia que ejercían en esta localidad, cabeza y sede del Priorato, los caballeros de la Orden de San Juan de Jerusalén, después, llevando misioneros hacia Oriente —Filipinas...— e intercambiando productos. Consuegra dispone en su «Museo Municipal» de documentos fechados a finales del siglo XVI, en donde se habla de arrendamientos de tierras destinadas al cultivo del azafrán. Posiblemente, el hecho de haber sido un «centro urbano» desde el siglo XIV, haya influido en que Consuegra testimoniara esta tradición con tanta ilusión y cariño por parte de sus gentes.

En 1963, **Pedro Albacete del Pozo** —entonces alcalde-presidente del Excmo. Ayuntamiento de la ciudad—, tomando la iniciativa de **Oskar Dignoes** —austríaco enamorado de Consuegra, y director de la Oficina de Turismo de su país en Madrid—, junto con **Francisco Domínguez Tendero** —cronista oficial de Consuegra—, promovieron un día cuyo único y principal protagonista fuese la flor. El primer pregonero fue **Federico Romero**, autor de la letra *La Rosa del Azafrán,* una de nuestra más famosas zarzuelas.

Al principio, esta singular Fiesta duraba únicamente una jornada; pero al incrementarse otras actividades, tales como la Feria de Ganado, la Exposición de Maquinaria y Productos de la localidad, todo ello en elegantes stands, se amplió hasta fijarse a lo largo del último fin de semana del mes de octubre (viernes, sábado y domingo). Cuyos actos más singulares nos permitimos destacar a continuación:

El *viernes,* por la tarde, se hace la molienda y tiene lugar la inauguración de un molino (esto no quiere decir que se construya un nuevo molino, sino que, si hay fondos, se restaura); posteriormente se inaugura el Ferial, con la consiguiente exposición de ganado. Algo muy pintoresco que se hacía durante los primeros años (1963, 1964 y 1965) era un gran «chozo» (cabaña de agricultor típica de Consuegra), en cuyo interior se exhibían los útiles, así como el modo de vida de los pastores, costumbre que se ha perdido y que el Ayuntamiento está intentando recuperar.

El *sábado,* es el día de los concursos de «monda» consistentes en la extracción de los estigmas lo más rápidamente posible —cuyas bases se explican a continuación—, penalizando al que deje los estigmas separados, así como la presencia de un solo pétalo en el plato. Los participantes le confieren un atractivo carácter provincial al concurso, ataviados con los trajes típicos de su localidad. A la fiesta se le han añadido otros actos, como la *«llevadura»,* de tipo popular, donde la novia, al son de la música, se pasea acompañada de parientes y amigos, durante todo el tiempo que dura el baile, en el momento de la entrega de presentes a los recién casados.

El *domingo,* como colofón a los numerosos actos, tiene lugar el concurso de «Bailes regionales». El grupo de Consuegra, cuya fama ha sobrepasado los límites de nuestra geografía, y sus participantes han sido protagonistas de numerosísimas actuaciones, por la destreza y calidad de su folklore, presenta canciones y bailes dedicados fundamentalmente al pueblo y a la flor. Es preciso destacar tres tipos de bailes: «Rondeñas», «Seguirillas» y la jota como «Rabiosa», todos ellos de honda tradición etnológica.

El renombre universal de estas fiestas, conocidas también como las «Jornadas de Exaltación Manchega», han dado lugar a su declaración como «Fiestas de Interés turístico». Consuegra, además, desde el 29 de marzo de 1927 ostenta el reconocimiento de «Ciudad», título otorgado por el rey **Alfonso XIII.**

«Consuegra, su azafrán, sus molinos de vientos, su castillo de la orden de Malta, son para mí una hermosa realidad a la que acudo siempre que puedo; pero, ade-

Los trajes típicos de la España azafranera también se dejan ver en Consuegra durante la «Fiesta de la Monda del Azafrán».
(Foto del autor.)

159

*más, a través de la literatura cobra hondura, gana profundidad de campo, se vincula a obras y autores para mí muy queridos, como **Cervantes, Lope de Vega, Antonio Ponz...**»*, recuerda **Felipe B. Pedraza Jiménez,** pregonero de la «XXXV Fiesta de la Rosa del Azafrán» (1997).

Bases del «Campeonato de Monda de Rosa»

Convocado por el Excmo. Ayuntamiento de Consuegra, y según la Comisión de Turismo y Festejos y la Comisión Organizadora «Fiesta Rosa del Azafrán», los participantes deberán conocer las siguientes bases:

1. El número de participantes, en la fase local, podrá ser limitada por los Ayuntamientos respectivos, clasificándose los DOS PRIMEROS de cada localidad, para disputar la FASE PROVINCIAL.
2. De la FASE PROVINCIAL, solamente los DOS PRIMEROS clasificados representarán a su provincia en la GRAN FINAL NACIONAL.
3. El campeonato de Consuegra consiste en MONDAR 100 ROSAS cada participante, que le serán facilitadas, debidamente precintadas, en bolsas, por los jurados respectivos, otorgándose 20 puntos como máximo, por RAPIDEZ y 20 puntos como máximo, por LIMPIEZA.
4. La rosa, ya mondada, se dejará junto al plato de cada participante, no debiendo tirarlas al suelo.
5. Cada concursante deberá traer su respectivo plato para la fase local y provincial.
6. Las PENALIZACIONES con que se rebajará la puntuación serán las siguientes:
   — Por cada clavo que se quede en la rosa, se penalizará con 1 punto.
   — Por cada pajizo en el plato, 1 punto.
   — Será motivo de descalificación total el tirar rosa o esconderla.
   — En cuanto al tiempo, se irá descontando 1 punto, sucesivamente, según orden de terminación.
7. En caso de empate a puntos, de dos o más concursantes, desempatarán entre ellos mondando 100 rosas cada uno o menos si la producción se viese mermada; si se volviera a producir empate se calificaría el concursante que menos tiempo invierta.
8. El fallo del Jurado será inapelable a conocer una vez terminada cada eliminatoria.

El azafrán en Aragón

Las cuatro grandes áreas de cultivo de azafrán en tierras aragonesas (por orden alfabético), son: BELLO, MONREAL DEL CAMPO, MUNIESA Y VISIE-DO. Totalmente turolenses son: MONREAL DEL CAMPO Y VISIEDO, al norte y noreste de la provincia de Teruel; mientras que BELLO Y MUNIESA se adentran, por el norte, ya en tierras zaragozanas.

Zonas de cultivo del azafrán de Aragón

A: Campo de Bello (Teruel y Zaragoza)
B: Área de Monreal del Campo (Teruel)
C: Área de Muniesa (Teruel y Zaragoza)
D: Campo de Visiedo (Teruel)

El *Campo Bello* comprende 9 municipios: Bello, Berrueco, Castellón de Tornos, Gallocanta, Las Cuerlas, Odón, Tornos, Torralba de los Sisones y Villalba de los Morales.

Monreal del Campo es cabeza de una Mancomunidad de quince municipios que salpican el Valle del Jiloca: Almohaja, Blancas, Calamocha, Camin-real, El Poyo del Cid, Fuentes Claras, Monreal del Campo, Ojos Negros, Paracense, Pozuel del Campo, Torre la Cárcel, Torremocha del Jiloca, Villafranca del Campo, Villar de Salz y Villarquemado.

161

El área de *Muniesa,* por su parte, comprende los siguientes municipios: Alacón, Cortes de Aragón, Herrera de los Navarros, La Hoz de la Vieja, Lécera, Loscos, Mezquita de Loscos, Monforte de Moyuela, Moyuela, Muniesa, Plenas y Villar de los Navarros.

Y el *Campo de Visiedo,* con siete municipios: Argente, Bueña, Camañas, Celadas, Escorihuela, Lidón y Visiedo.

Pero, no debemos engañarnos, el azafrán aragonés está atravesando un mal momento, como lo pone de manifiesto **Mari Carmen Fuertes,** responsable del «Museo Monográfico del Azafrán», de Monreal del Campo (Teruel): *«Además del golpe que está sufriendo la economía agraria de la zona, a consecuencia del retroceso en el cultivo del azafrán, también las personas están echando a faltar aquella convivencia sana y cotidiana entre familias y vecinos; ahora es muy raro que cuatro generaciones de una misma familia coincidan en torno a una misma mesa...»* Y, con gran nostalgia en los ojos, añade: *«Había una cultura en torno al azafrán muy rica, que hoy, a las puertas del siglo XXI, se echa en falta.»*

El «Museo Monográfico del Azafrán»

En la histórica y monumental localidad turolense de Monreal del Campo, cabeza de la Mancomunidad del Valle del Jiloca, municipio de larguísima tradición azafranera, la mayoría de cuyos habitantes (2.500) viven relacionados con la agricultura, se encuentra el único museo del mundo dedicado al azafrán, que merece una atenta visita.

El Museo —creado en 1982, a iniciativa del etnólogo **Julio Alvar,** abrió sus puertas al público en 1983— está instalado en la tercera planta de la Casa de Cultura de esa localidad (Plaza Mayor, 10); el edificio se corresponde con un notable palacio de estilo renacentista aragonés, conocido en otro tiempo como «Casa de los Beltranes». En 1989, tras una importante tarea de remodelación

Vista parcial del interior del «Museo Monográfico del Azafrán» de Monreal del Campo (Teruel).

del inmueble, volvió a reabrir sus puertas, con el agradable aspecto que hoy ofrece a sus visitantes.

El «Museo Monográfico del Azafrán», de Monreal del Campo (Tel: 978 863 236), que ocupa el antiguo granero del histórico inmueble, en sus 325 metros cuadrados de superficie, constituye un magnífico ejemplo de recuperación de las innumerables tareas —agrarias y domésticas— que, tradicionalmente, han estado, y siguen estándolo, relacionadas con el azafrán. En un desarrollo razonable de visita, podrá admirar las diferentes áreas temáticas, a través de los 235 objetos expuestos, debidamente catalogados, la mayoría de los cuales, donados por personas y familias de la localidad, cuentan con el respaldo científico de unas imágenes, grabados, cuadros sinópticos, documentos..., que hacen todavía más interesante la visita, tanto a neófitos en la materia como a los mismos agricultores dedicados desde su infancia al azafrán. Pero dejemos que sea su conservadora, **Mari Carmen Fuertes Sanz,** quien nos hable de este emblemático lugar, en donde se rinde culto a la planta más legendaria de la historia de la humanidad, y, al mismo tiempo, a las personas a ellas dedicadas. *«En la sencillez de este Museo no se ha querido más que dejar constancia de un cultivo que tiende a desaparecer y exponer de la forma más clara posible las faenas relacionadas con este producto tan apreciado y, al mismo tiempo, tan desconocido, con el deseo de que el visitante llegue a adentrarse en el secreto mundo del azafrán.»* El horario de apertura al público es: de martes a sábados, de 11.00 a 14.00 h y de 17.00 a 20.00 h; los domingos, de 11.00 a 14.00 h. Al lado mismo, la iglesia parroquial de la Natividad de Nuestra Señora, cuya torre, aislada, corona el sector más elevado de la muralla medieval, destruida durante las guerras Carlistas (s. XIX).

Vocabulario

El azafrán, debido a su antigüedad y, sobre todo, al influyente papel que a lo largo de los tiempos, ha tenido, y sigue teniendo, con la historia y cultura de la humanidad, en todos los sentidos, cuenta con un riquísimo glosario de término, los cuales consideramos de gran interés relacionarlos a continuación.

Calzado utilizado tradicionalmente por los cultivadores del azafrán en el Valle del Jiloca (Teruel).
(Foto: Museo Monográfico del Azafrán.)

Abonada: Participio verbal aplicado al bulbo* que ha recibido un golpe, o tiene alguna enfermedad.

Abonarse: Así se conoce la pérdida de un bulbo de azafrán, al podrirse como consecuencia de un exceso de lluvias.

Abrir caña: En Castilla-La Mancha así se llama la labor de apertura de la tierra, al hacer el surco, en el fondo del cual y equidistantes se colocan los bulbos.

Acapullada: (Capullada). De este modo se conoce la rosa del azafrán que aún no ha abierto; si el día es frío y nublado no lo hará hasta la jornada siguiente.

Acapullarse: Así se llama la flor del azafrán cuando aún tiene forma de capullo.

Adobar: Abonar tierra para el posterior cultivo del azafrán.

Agacharse la rosa: Se llama de ese modo al azafranal* que ha aportado escasa cantidad de flores.

Aladro: Es el apero utilizado en los municipios del Valle del Jiloca (Teruel), para «rejonear» el azafrán, cuando éste está verde, después de dar la rosa; entre línea y línea de flores se pasa el aladro* para eliminar las hierbas; de este modo el bulbo se engorda más.

Alazor: (*Carthamus tinctorius*). Cártamo, azafranillo (zafranello, en romance), azafrán bastardo. Hierba de 1 a 3 palmos de altura, de tallo recto y erguido, de flores amarillas intensas, tirando a rojo, que se vuelven de color anaranjado, de la cual se obtiene una tintura roja muy apreciada, conocida como «rojo de alazor»; florece en verano, y es de suma abundancia en diferentes zonas de la Península Ibérica (el Algarbe, Andalucía, Castilla-La Mancha, Cataluña, Murcia, Valencia...).

Albarcas: (Albarcas). Calzado utilizado por el campesino en sus labores agrarias en sustitución de los zapatos. En invierno se ponía pieles de conejo encima que, además de abrigar los pies, protegían a éstos del agua de la lluvia.

Alcahueta: Flor silvestre que prospera en las veredas, y, semejante al azafrán —según Serna—, parece anunciar la llegada de ésta, con las primera lluvias de octubre.

Almidonada: Véase Abonada.

Almidonarse: Abonarse.

Amarillos: Véase Pajizos.*

Anatolia: Palabra griega dada por **Constantino el Grande** (s. IV) a la península asiática de Turquía, que significa: «el país por donde el sol nace». En esta gran región se cree que se inició el cultivo del azafrán durante la Edad del Bronce.

Antera: Parte del estambre que contiene el polen.

Arrancado: (Arrancado). Así se conoce el azafranal en donde ya ha sido extraído el bulbo.

Arroba: Medida de peso equivalente a 25 libras (11 kg 502 g) en Castilla-La Mancha; mientras que en Aragón son 36 libras (12,5 kg).

Arruñador: De este modo se conoce en Castilla-La Mancha al perno de hierro (rastrillo) de mango largo con púas de 30 cm de ancho, y separadas entre sí 2 cm.

Arruñar: Cavar muy superficialmente la parcela del azafranal, al objeto de arañar la costra del mismo sin perjudicar los tallos y bulbos. Es otra expresión manchega.*

Avisaderas: Véase Alcahueta.*

Arafrán: (Zafrán). Véase el apartado de Etimología.

Azafrán apagado: Así se llama al azafrán de color poco vivo.

Azafrán astrigente: Colcotar.

Azafrán bastardo: Es el cólquico (Liliácea. *Colchicum autumnale*).

Azafrán blando: Así se conoce al azafrán que ha sido humedecido para aumentar su peso.

Azafrán cártamo: Alazor.*

Azafrán corto: Azafrán cuyos estambres* son cortos; generalmente cultivado en terrenos de secano.

Azafrán crudo: Así llamado el azafrán verde.

Azafrán curado: (Curao). El azafrán ya tostado, seco, listo para su comercialización.

Azafrán de antimonio: Sulfuro de antimonio semivitrificado.

Azafrán de hierro: Colcotar.

Azafrán de marte: Herrumbre de hierro.

Azafrán de montaña: Escrofulariácea. *Escobedia scabrifolia*. Muy abundante en Perú.

Azafrán de rabo: Así se conoce al azafrán en el cual se deja parte del pedúnculo después de limpiarlo.

Azafrán de uno, de dos, de tres, y de cuatro: Así llamadas las plantas de azafrán que llevan uno, dos, tres, o cuatro años sembradas en el mismo azafranal.

Azafrán es cojo, El: Expresión típica de los municipios del Valle del Jiloca (Teruel) para justificar la variación de precios a que se encuentra sujeto el azafrán, cuyas cotizaciones varían incluso dentro de la misma jornada.

Azafrán gorrino: Así es conocido el azafrán de rabo,* que mantiene el pedúnculo (camisa blanca).

Azafrán largo: Dícese del azafrán cuyos estambres* son largos que, a diferencia del corto,* suele cultivarse en terrenos de regadío.

Azafrán limpio: Así llamado el azafrán desprovisto de restos del pendúnculo.

Azafrán nuevo: Dícese del azafrán que se vende en la misma temporada que ha sido cosechado, sin haber sido almacenado.

Azafrán seco: Azafrán curado.*

Azafrán tierno: Azafrán blando.*

Azafrán verde: Así llamados los estambres* de azafrán recién extraídos, aún por tostar.

Azafrán viejo: También conocido como azafrán de cuatro. Dícese del azafrán conservado y almacenado durante un año o más, no vendido, por lo tanto, en la misma temporada de su recolección.

Azafrán vivo: Adjetivo, de color de azafrán. También llamado así al que tiene el cabello de color bermejo.

Azafranal: (Zafranal). Terreno sembrado de bulbos de azafrán.

Azafranal de uno, de dos, de tres, y de cuatro: Así llamado el terreno en donde la planta permanece sembrada durante los cuatro años consecutivos, floreciendo y produciendo azafrán..

Azafranal nuevo: Así llamado al terreno de cultivo de azafrán de uno o de dos años.

Azafranal picado: (Picarse el azafranal). La acción de dañarse o pudrirse el azafrán, a causa de unos bulbos enfermos en el momento de la siembra, o bien estropeados a causa de la excesiva lluvia o granizo.

Azafranal viejo: Así llamado al terreno cultivado con bulbos de azafrán de tres o de cuatro años.

Azafranar: (Zafranar). Acción de recolectar la rosa* del azafrán. También se llama así el teñir de azafrán algo, poner azafrán en un líquido, mezclar azafrán con otra cosa...

Azafranero: (Zafranero). Persona que cultiva o vende azafrán.

Azafranillo: (Azafranillo). Nombre dado en América a diversas plantas tintóreas; arbusto o árbol malpigiáceo *Bunchosia palmiri*, etc.

Azulear el azafranal: Así llamado el terreno (azafranal) cubierto de rosas.*

Az-zafaran: (También *az-zaferan*). Palabra árabe de la que se deriva el término azafrán, que se traduce como «ser amarillo».

Basura: También llamado abono.

Binza: Capa transparente que recubre la parte más exterior del bulbo de azafrán.

Blanco: Véase rabo.*

Brenca: También llamada la fibra o filamento del estigma* del azafrán.

Brin: Azafrán.

Brines: Estigmas* del azafrán.

Cabeza, El: Así se conoce en Castilla-La Mancha a la persona encargada de representar a los cultivadores de azafrán ante el propietario de las tierras de labor en vistas a su rendimiento.

Caíz: medida de superficie utilizada desde la Edad Media en Aragón, equivalente a 24 pasos cuadrados (368,64 m^2); también, como medida de capacidad, equivale a 8 robos* (140 kg) de bulbos; ambas interrelacionadas: 1 caíz de superficie proporciona 2 caíces de bulbos para plantación, de buena calidad, así como 3 caíces de bulbos en conjunto. El caíz se utilizaba en las plantaciones de azafrán al tratarse de una medida pequeña, más acorde con la superficie familiar cultivada.

Calares: Así se designan en Castilla-La Mancha los terrenos destinados al cultivo del azafrán, especialmente ricos en carbonato de cal.

Camisas blancas: Otra acepción de rabo.*

Cártamo: Alazor.*

Cava de arruño: Una forma de cavar muy superficialmente el suelo; labor que se desarrolla normalmente días antes del brote del tallo, para facilitar el normal desarrollo vertical del mismo. Es un término muy manchego.

Cebolla: Bulbo de la planta del azafrán.

Celemín: Medida de superficie relacionada con el cultivo del azafrán. Según los lugares o zonas de cultivo, es medida diferente. Por ejemplo, en Membrilla (Ciudad Real), un celemín equivale a 516 m^2; en cambio, en Consuegra (Toledo), son 219 m^2. Igualmente existen celemines aplicados al gramo de bulbo.*

Cebolla borracha: Así se conoce al bulbo del azafrán que ha sido atacado por *Rhizoctonia crocorum (Rhizoctonia violacea),* enfermedad conocida popularmente como «Mal vinoso», dado el característico color violáceo que recuerda al vino que deja el bulbo.

Cerdas: Hojas de la planta; se denominan así porque dificultan enormemente la recogida de las rosas* del azafrán. Es un término aragonés.

Cesto robero: Así llamado al cesto de mimbre en cuyo interior se recogen las rosas* del azafrán.

Ciazao: (Cedaco). Instrumento utilizado para tostar el azafrán, compuesto de un aro y una tela sobre la que se extiende el azafrán; tiene forma circular, de unos 30 cm de diámetro y de 10 a 15 cm de altura.

Clavo: Estigma* del azafrán. *«Tener buen/mal clavo»,* expresión manchega aplicada cuando el azafrán está en flor y tiene muchas hebras largas, o pocas desmadradas.

Cogenderas: Así se conocen en Madridejos (Toledo) a las mujeres que recolectan la rosa del azafrán.

Coger: Acción de recoger la rosa* del azafrán en los campos.

Croco: nombre genérico de la planta.

Crocópelos: Cuyo velo es de color azafrán. Epíteto de la Aurora.

Crocota: Ropaje amarillo adornado de flores y bordados que visten ordinariamente Baco y sus compañeros.

Crocus adorus: Azafrán de Sicilia (Italia).

Crocus austriacus: Azafrán austríaco.

Crocus minimus: Azafrán enano argentino.

Crocus orsini: Azafrán de Italia.

Crocus sativus: Azafrán español, introducido en al-Andalus por los árabes en el siglo X con el nombre de «Za'faran».

Crocus scepusiensis: Crece en los Cárpatos occidentales, en los pisos nemoral inferior y superior. Sus flores, que aparecen a menudo cuando todavía la nieve yace sobre el suelo, anuncian la pronta entrada de la primavera.

Crocus variegatus: Azafrán loreto de los Alpes marítimos (Provenza, Francia), de marcado interés ornamental.

Crocus vernus: Azafrán de primavera, o azafrán silvestre de los Pirineos.

Crocus versicolor: Azafrán albertino, cultivado en las regiones del sur de Europa, y destinado principalmente como ornamental.

Cuajar: Llenarse, poblarse el campo de rosas* de azafrán.

Cuartilla: Medida de superficie, equivalente a ¼ de fanega de terreno.

Culo: Zona inferior del bulbo del azafrán; lo primero que se quita durante la limpieza.

Dar/Echar la rosa: Así llamado el nacimiento de la flor del azafrán.

Dar el azafrán: Acto de venta del azafrán.

Dar humo al ratón: Acción de soplar con un fuelle proyectado a las bocas o salidas de las galerías excavadas por el pitimis* sobre un recipiente lleno de paja húmeda, encendida y mezclada con azufre, que expele anhídrido sulfúrico y asfixia a estos roedores.

Dar peso al azafrán: Acción de humedecer el azafrán para que alcance mayor peso.

Dar/Traer los tallos la cebolla: Llamado así el nacimiento de los grillones* (tres o cuatro por bulbo), de los que, durante la floración, brotarán las rosas.*

Día del manto: Jornada cumbre de la floración del azafrán, que suele coincidir con la festividad de Todos los Santos (1 de noviembre).

Desbrizne: (Desghinde). Así se conoce la acción de separar el estigma* de la flor del azafrán.

Dicuat: Herbicida utilizado contra las malas hierbas, de hoja estrecha, que suelen colonizar la suerte* de los azafranales; resulta inocuo para el suelo; la aplicación suele llevarse a cabo entre junio y agosto.

Echar el azafrán la cebolla: Brotar la rosa* del azafrán.

Echar el clavo a la novia: Expresión típica de Castilla-La Mancha, que encuentra su origen en la tradición de personarse el novio los domingos por la tarde en el domicilio en donde se encuentra la novia en plena labor de desbriznar* azafrán, y es ayudada al tiempo que disfruta de su compañía.

Emenagogo: Remedio que provoca la evacuación menstrual de la mujer; el azafrán lo es.

Empinarse: Expresión que transmite una cantidad inusitada de rosas* en el azafranal.*

Encebollarse: Una forma de llamar al hecho de la aparición de nuevos bulbos* de azafrán sobre los de años anteriores.

Entreliño: Espacio entre surcos, en la región castellano-manchega.

Esblencar: (Esbrencar). Quitar la brenca* del azafrán.

Esbrinador/a: Persona dedicada a la recogida y esbrinado* del azafrán.

Esbrinar: Así se conoce la separación de los pistilos* (hebra de azafrán) del resto de la flor. Palabra derivada de desbriznar* (quitar las briznas de azafrán).

Esbrine: Acción de separar los estigmas* de la rosa* del azafrán.

Esbrines: También llamados así los estigma* del azafrán.

Esfarfollar: Selección de los bulbos para su posterior plantado. A las capas superficiales de éstos también se les llama farfolla.*

Espartillo: Barbas que cría el bulbo del azafrán. Hojas verdes de la planta del azafrán.

Espartín: Así se conocen en Aragón las hojas de la flor del azafrán.

Espinzar: (Esbinzar). Desprender la binza* del azafrán.

Estambre: Órgano sexual masculino de las flores.

Estigma: Cuerpo granduloso, colocado en la parte superior del pistilo* y que recibe el polen en el acto de fecundación de las plantas

Fanega: Medida de peso equivalente a 35 kg. En cuanto a medida de superficie, representa 12 celemines,* o lo que es lo mismo = 64 áreas y 596 miliáreas.

Farfolla: (Perifolla). Una forma ingrata de denominar a la corola y demás restos de la flor del azafrán, una vez realizado el esbrinado.*

Florear: Seleccionar lo mejor, en el momento de la recolección de las rosas* del azafrán.

Gruñidores: Así se llamaban los cultivadores de azafrán, en la localidad inglesa de Saffron Walden (Essex).

Hacer hilos de azafrán: Expresión aplicada a la acción de estropear la flor del azafrán en el momento de su recogida.

Hacer partes: Así se conoce en Castilla-La Mancha el equivalente al jornal del mondador/a, abonado en especie, que se queda con la cuarta parte del producto realizado; el resto es para el propietario del azafranal.*

Hacerse agua el azafrán: Cuando la preciada especie se deshace y transforma en una pasta, como consecuencia de la excesiva humedad de las rosas* en el momento de limpiarlas y extraer los estambres.* Para evitarlo, se recomienda sean extendidas, para que se oreen antes de la monda.*

Hebra: Así conocido en algunos lugares hispanos el estigma* del azafrán de temporada.

Humazo: Así se llama en la zona de Consuegra (Toledo), el hacer lumbre junto a las bocas de las ratoneras y orientar el humo hacia el interior de las mismas, mediante unos fuelles, los mismos que habitualmente se usaban en las cocinas de leña.

Ir a terceros: Acción de ir al azafranal,* en días alternos, al final de temporada.

Láudano: solución hidroalcohólica formada a base de opio, azafrán y canela, empleada como antiespasmódico. Extracto de opio.

Legón: Herramienta agraria, cuyo uso requería un gran esfuerzo, típica del Valle del Jiloca (Teruel), utilizada para abrir el surco momentos antes de plantar el bulbo del azafrán.

Lengüeta: Antera;* órgano masculino de la flor que, en ocasiones, también se adquiría por su poder colorante.

Libra: Tradicionalmente el azafrán se pesaba en onzas y en libras. En Aragón una libra equivale a 12 onzas (342 gr), y en Castilla-La Mancha a 16 onzas (460 gr). Como dato de interés: el oro se sigue midiendo en onzas, y hubo un tiempo en que ambos —azafrán y oro— valían lo mismo.

Limpiar el azafrán: Mondar.*

Liño: Surco.

Lua: Así se conoce el zurrón de piel de cabra, o cordero, destinado al transporte del azafrán.

Luneros: Así se conocen en Castilla-La Mancha a los ladrones de azafrán, los cuales, a la luz de la Luna, lo robaban en los mismos azafranales.*

Manto: El maravilloso aspecto que ofrece el azafranal* durante las jornadas de su máxima floración.

Mitones: Guantes desprovistos de la parte de los dedos, utilizados para proteger las manos del frío durante la recogida de la rosa* del azafrán.

Mazo: Conjunto de estambres* de la rosa* del azafrán.

Menear las uñas: Mondar* rosas* de azafrán.

Moje: Lote que reciben en Castilla-La Mancha las cinco personas que intervienen en la plantación de un celemín,* a modo de suplemento de jornal, consistente en aceite y patatas para un guiso.

Monda: Así se conoce la labor de separación de los estigmas* del resto de la rosa* del azafrán.

Mondaderas: (Mondadoras). Las mujeres ocupadas en desbriznar el azafrán.

Mondar el azafrán: Limpiar o desprender el pedúnculo de la rosa* del azafrán, tras la separación de los estambres.*

Mondar la cebolla: Extraerle al bulbo* de la planta del azafrán el culo,* así como la farfolla,* para poder plantarlo de nuevo.

Mondar la rosa: Acción de separar los estambres —la especia— del resto de la rosa* del azafrán.

Muestra: Así llamado el conjunto de rosas* de azafrán que acaban de brotar en la superficie del suelo, pero aún no deben ser recogidas.

Oncear: Expresión aragonesa que significa la entrega de una onza (29,16 gramos), por cada doce onzas desbriznadas,* como pago de la labor realizada.

Onza: 28,5 gramos. La dieciseisava parte del peso de una libra castellana, o lo que es lo mismo: la duodécima parte del as o libra romana.

Pajero: Así se conocen en Castilla-La Mancha a los azafranales* ubicados contiguos a las eras. Se da la circunstancia de que los azafranes allí nacidos florecen antes que los demás gracias a la paja depositada sobre las tierras de cultivo al aventar los cereales.

Pajitos: Partes del estambre* de la flor, de color amarillo —de ahí su nombre—, que permanecen adheridas a los estigmas* cuando éstos son cortados muy bajos.

Pajizos: Voz manchega que designa los estigmas* del azafrán.

Paracuat: Herbicida de contacto contra las malas hierbas utilizado en los azafranales,* en acción de efecto de choque, y aplicado generalmente entre junio y agosto.

Partir el azafrán: Sinónimo de hacer partes; otra voz de raíz manchega.

Partir la cebolla: Reproducción de uno o más bulbos* sobre el anterior.

Pelanda: Trabajo muy laborioso, realizado mayoritariamente en grupo, sentados en mesa camilla, al tratarse de una flor muy delicada.

Pella: Montón de azafrán seco que se recoge en una cosecha.

Pelo: (Brenca). Así llamadas las hebras de azafrán.

Pelusa: Véase perifolla.*

Pepita amarilla: Pajizo.*

Perifolla: Así llamadas las cubiertas exteriores del bulbo del azafrán.

Perra chica: Moneda antigua española utilizada también como medida de peso en el Valle del Jiloca (Teruel), equivalente a 5 g de azafrán.

Perra gorda: Moneda antigua española utilizada también como medida de peso en el Valle del Jiloca (Teruel), equivalente a 10 g. de azafrán.

Peso: Balanza.

Picada: Abonada.*

Picotear: Coger rosa* del azafrán.

Pilaf: Plato oriental, elaborado a base de arroz con carne y otros ingredientes. Los biriyanis son una variedad de pilaf que incluyen una gran diversidad de especias, con el azafrán para dar color, y una mayor cantidad de carne y de mantequilla, resultando más suculentos. Los turcos, como referencia, llaman al arroz «pilav».

Pistilo: Órgano femenino de la flor; consta de ovario, estilo y estigma.*

Pitimis: Ratón del azafrán. Roedor de unos 12 cm de largo, de pelaje espeso y suave, color pardo, provisto de cola corta y orejas y ojos diminutos; consume raíces y bulbos,* y raramente abandona sus galerías subterráneas.

Planta nueva: Así llamada a la planta de primer año.

Plantar: Plantación de los bulbos.*

Poner/Echar la cebolla: Acción de sembrar el bulbo* del azafrán.

Poner de una, dos, tres o cuatro posturas: En relación al hecho de que la planta permanezca sembrada, floreciendo y proporcionando azafrán durante esos períodos de tiempo.

Postura: Temporada de florecimiento de la rosa* del azafrán.

Preñez: Inducción floral que se inicia en marzo. En algunas comarcas de las zonas azafraneras hispanas es conocida como «el cuajado de la flor».

Puchero de dar humo: Objeto semicircular utilizado para exterminar los pitimis.*

Quedar muestra: Al final de temporada, suelen quedarse numerosas rosas * sin recoger en el azafranal,* consecuencia de haber tardado algo más en florecer.

Quedar perdía la cebolla: Así se conoce la permanencia del bulbo* enterrado, o sembrado, tras la recogida de las rosas* del resto del azafranal.

Rabillo: El tallo de la rosa* del azafrán que se corta durante la separación de los estigmas.*

Rabo: Filamento de color blanco-amarillento que conforma la parte central del carpelo.

Ratón: Roedor que se alimenta de bulbos* de azafrán. Pitimis.*

Reja: Pieza que se coloca en el aladro para abrir el surco.

Respirar el ciazo: La necesidad de colocar el cedazo* a cierta distancia del fuego, para evitar que las hebras —estigmas*— del azafrán se quemen durante el tueste.*

Rizado: Así se conoce cuando varios estambres* de la rosa* del azafrán se encuentran entrelazados; a pesar de ello, la extracción se realiza uno a uno.

Robo: Medida utilizada fundamentalmente en las comarcas aragonesas para pesar el azafrán, equivalente a 17,5 kg de bulbos.*

Romí: Del árabe romí (romín), que puede traducirse como «de nación cristiana». Azafrán romí (azafrán procedente de un país cristiano).

Rosa: Flor del azafrán.

Rosa capullada: Voz aragonesa que designa a la flor antes de que se abra y de ser cortada.

Rosa del azafrán: Flor del azafrán.

Rosa seca: Así se llama en el Valle del Jiloca (Teruel) a la flor que se seca sin haberla desbriznado* en el momento de su recolección; el azafrán resultante será de peor calidad.

Rosada: Así se conoce el rocío en tierras aragonesas.

Rosero/a: Así se denominan a las personas ocupadas en la recolección de rosas* de azafrán.

Rosita de no merendar: Nombre dado en la localidad de Consuegra a una planta silvestre, que brota por generación espontánea y nace a finales de septiembre, la cual, por su tonalidad, recuerda a la flor del azafrán, avisando a los pastores la llegada del otoño.

Rusal: También conocido como vertedera en el Valle del Jiloca. Se trata de un tipo de arado que tiene varias utilidades, entre ellas el laboreo del azafrán después de seco, la extracción de los bulbos del suelo, la plantación de los mismos...

Sacado del suelo: Así se conoce la suerte,* ya preparada para la plantación del bulbo* de azafrán.

Sacar de suelo: Término manchego que designa la acción de arada profunda —de 30 a 35 cm—, al tiempo que se eliminan las piedras y malas hierbas de la superficie del terreno.

Sacar el azafrán: Esbrinar,* mondar,* etc.

Sacar rosa: Véase: Mondar* rosa.*

Safra: *(Asfar)*. Antiguo término árabe, de origen persa, que significa «amarillo».

Saffran wager: Báscula de azafrán, en alemán.

Salir el azafrán: Brotar de la tierra la rosa* del azafrán.

Sativo: La persona que cultiva azafrán.

Sudado: Término característico del área de Muniesa (Teruel), que designa el secado superficial del azafrán a fuego lento, sin llegar al tueste.*

Suerte: Nombre dado en la región castellano-manchega a la parcela de cultivo del azafrán —azafranal—,* el cual debe estar aireado y soleado. En Consuegra, equivale a 3 celemines;* mientras que en Madridejos, también en el provincia toledana, a 6 celemines.*

Tapar la cebolla: Cubrimiento de los bulbos* del azafrán, una vez colocados en el interior de los surcos.

Tapas: Otra forma de definir perifolla.*

Terceros: Así se denomina al azafranal* tras la recolección de las rosas.*

Tilak: Marca, en el antiguo sánscrito *tilaka*, de tila (sésamo); se corresponde con la emblemática marca que, a modo de tercer ojo, llevan los hindúes en la frente, que sirve para establecer la casta, rango o secta, realizada a base de pasta o ungüento de azafrán.

Tostar: Acción de secado de las hebras —estigmas— *de azafrán, tras el pesado.

Tubo: Rabillo.* Tallo de la rosa* de azafrán que se corta al desbriznar* la flor.

Tuesta: A fuego lento, el azafrán alcanza su color específico.

Tueste: Secado a fuego lento de los estigmas* de azafrán, perdiéndose en esta operación hasta un 80 por ciento del peso.

Verdores: Véase posturas.*

Yugada: Medida de superficie aragonesa equivalente a 4.472 metros cuadrados.

Zafrán: Parcela de terreno dedicada al cultivo del azafrán. Azafranal*.

Cronología

«*Los romanos, en tiempos de* **Julio César**, *llevaron a Renania el cultivo del azafrán; tradición que se mantuvo en esta región de Alemania hasta finales del siglo XV.*»

Martín Börnchen

El azafrán fue considerado en el Antiguo Egipto una especia relacionada con los poderes del Más Allá. (Foto: Moisés Panisello.)

Destacamos a continuación algunas de las grandes fechas históricas relacionadas con el azafrán.

–2300 a.C.	Primeras referencias que se tienen del azafrán; el rey **Sargón** nació en Azupirano («Ciudad del azafrán»).
–1700/1600 a.C.	El arqueólogo inglés Sir **Arthur John Evans** descubre en el palacio de Knossos (Creta) un fresco alusivo a la recogida de la flor del azafrán, realizado en aquel período, bautizándolo «El recolector de azafrán».
–1500 a.C.	El documento médico más significativo del Antiguo Egipto: «El Papiro Eben», hace especial referencia al azafrán, al cual se le atribuían ya notables propiedades curativas.
–1100/1000 a.C.	El rey **Salomón,** en su *Cantar de los Cantares*, cita al azafrán con el nombre de «Karkom»; vocablo de raíz india, lo que induce a algunos autores a situar el origen del azafrán en la región de Kachemira, al norte de la India.
220	El emperador romano **Heliogábalo** gustaba de bañarse en agua perfumada con azafrán.
s. VIII/IX	Los árabes introducen en España la planta del azafrán, extendiéndose rápidamente su cultivo por todos los territorios de al-Andalus.
s. X	El azafrán es mencionado en un *«Leech book»* (libro inglés de medicina natural y herboristería).
1271	**Marco Polo** parte de viaje de Venecia, su ciudad natal, hacia Oriente.
1295	El comerciante veneciano **Marco Polo** regresa después de un largo periplo por todo el continente asiático.
1298	**Marco Polo** escribe *El libro de las Maravillas del mundo.*
s. XIII	El azafrán valía más que su peso en oro.
s. XIV	La comunidad judía de Santa Coloma de Queralt (Tarragona) monopoliza el comercio del azafrán por toda la cuenca mediterránea. La villa inglesa de Saffron Walden, en Essex, es bautizada así por el extenso cultivo de azafrán que en su término se desarrollaba.
s. XV	Una libra de azafrán costaba lo mismo que un caballo.
1440	Aparecen en Inglaterra las primeras instrucciones para el cultivo del azafrán, citadas en el tratado de *Maese Horticultor*, sobre horticultura.

1441   Se constituye en la ciudad alemana de Nürenberg, a iniciativa del Ayuntamiento, un organismo destinado a la Inspección del Azafrán, encargado de velar por la calidad del mismo.

1444   **Jobst Findeker**, ciudadano de Nürenberg, es quemado vivo por vender azafrán adulterado; su mujer tuvo que jurar que se iría a vivir al otro lado del Rhin; era el lunes posterior a la festividad de San Jacobo. Según relata el cronista de la época **Müllner**.

1448   Se interviene en la ciudad italiana de Verona una partida de azafrán español, con destino a Alemania, valorada en 10.000 ducados.

1456   Otra ciudadana bávara, **Ells Pfraghenin,** también murió abrasada en la hoguera por adulterar azafrán.

s. XVI   El monarca inglés **Enrique VIII** prohíbe el empleo del azafrán como tinte para la ropa blanca que hacían los irlandeses, por considerar que éste no era un uso digno para especie tan valiosa. Comienzan a tenerse noticias documentales del cultivo, producción y comercialización del azafrán en Consuegra (Toledo).

1513   Se establece la carta original de Saffron Walden, en el condado de Essex (Inglaterra).

1541   Desaparece el cultivo del azafrán en la localidad alemana de Ilbesheim, cerca de Landau (Renania-Palatinado).

1550   El rey de Francia, **Enrique II,** fomentó el cultivo de bulbos de croco, pero no dudó en decretar serios castigos físicos a quienes adulteraran el azafrán.

1551   El azafrán es mencionado en una *Materia Médica* china.

1574   Un discípulo del maestro **Valerio de Flandes**, incorpora por primera vez el azafrán al arroz.

1606   Al *Carthamus tinctorius,* vulgarmente conocido como «alazor», se le llamaba «Azafrán de moriscos».

1660   El arquitecto **Kasin Aga,** por orden de **Hatice Tarhan Sultane,** madre del sultán otomano **Mehmet IV** (1648-1687), construye junto a la Yeni Camii (Mezquita Nueva) y frente al puente del Gálata, en la ciudad de Estambul, el «Misir Carsisi», el mayor Bazar de las Especias de Oriente, en donde se comercializaban las más preciadas especias del mundo, entre ellas, lógicamente, el azafrán.

s. XVII   El médico alemán **Hetold** decía que no había mal —desde el simple dolor de muelas hasta la peste— que no pudiera ser curado con azafrán.

s. XVII	**Robert Turnes**, un cronista inglés que vivió en tiempos del monarca **Carlos II**, escribió sobre las extraordinarias cosechas de azafrán que se obtenían en Saffron Walden, condado de Essex.
1670	Un libro en latín, fechado en ese año, conservado en Alemania, contiene recetas a base de azafrán contra casi todas las enfermedades.
1694	Saffron Walden, en Essex (Inglaterra), se convierte en villa franca. **William Westmacott**, en su *Theolobotonologia*, describe con todo lujo de detalles el cultivo del azafrán y su próspero comercio.
s. XVIII	La localidad murciana de Caravaca de la Cruz es una de las zonas ricas en azafrán de la Península Ibérica.
s. XIX	El azafrán es el cultivo más importante de la localidad de La Solana (Albacete).
1818	**Aschoff** estudia por primera vez el poder colorante del azafrán.
1859	Se inicia el declive del azafrán en el mundo occidental, quedando relegado su empleo en la industria alimentaria y el uso doméstico, cuando **Verguin** comenzó la preparación sintética de la fucsina, y el consecuente reemplazamiento de los colorantes naturales por la industria de los sintéticos.
1875	Se promulga en Inglaterra la primera ley de alimentos y drogas, destinada a proteger el azafrán contra las constantes adulteraciones.
	En **1982**, con aportación mayoritaria del Diario madrileño *El Imparcial*, se construye en Consuegra el barrio «El Imparcial», que sería habitado por familias dedicadas al cultivo del azafrán.
1902	El azafrán de la localidad soriana de Valtueña (comarca de las Vicarías) obtiene la Medalla de Plata en la Exposición Universal de París.
1911	Se congelan los últimos plantíos de azafrán austríaco, situados en las colinas que dominan la ciudad imperial de Viena.
1915	**Deker** demuestra la naturaleza glucosídica del azafrán.
1925	La superficie de suelo español dedicado al cultivo de azafrán es de 13.120 ha, con una producción de 123.300 kilogramos, según el MAPA.
1930	El 14 de marzo de aquel año, en el «Teatro Calderón» de Madrid, se Representaba por primera vez *La Rosa del Azafrán*, de Federico Romero y G. Fernández Shaw, con música del maestro toledano de Ajofrín, Jacinto Guerrero; zarzuela en dos actos y seis cuadros, inspirada en una obra clásica.
1930/1980	En ese período de 50 años, el precio del azafrán experimenta un incremento de, nada menos, 495 veces su valor inicial.

1937　La lactoflavina (Vitamina B$_2$), sustancia contenida en el azafrán, fue aislada de la leche y sintetizada por el bioquímico austríaco **Richard Kuhn**.

1941　Se establece en España un Servicio de Defensa contra Fraudes y de Ensayos y Análisis Agrícolas, para reprimir las adulteraciones que se llevaban a cabo con el azafrán.

1945　Se crea el grupo de Coros y Danzas «Rosas del Azafrán», de Consuegra.

1946　La producción media de azafrán en España es de 10 a 20 kilogramos por hectárea.

1960　La Resolución del 14-05 de la Dirección General de Comercio Exterior —reflejada en el BOE, de fecha 25-05-1960— establece las normas técnicas para la exportación de azafrán. Por Orden de fecha 26-11 —transmitida en el BOE de fecha 07-12-1960— se aprueba la reglamentación técnico sanitaria para la elaboración y venta de condimentos y especias.

1963　Se crea en la ciudad toledana de Consuegra la Fiesta de la «Monda del Azafrán».

1965　(25 de abril) se produce el hermanamiento entre las poblaciones de Consuegra (Toledo) y El Prat de Llobregat (Barcelona), actuando en la citada población catalana del Baix Llobregat el grupo de Coros y Danzas «Rosa del Azafrán», que por primera vez sale de Consuegra.

1974　**Griolía** establece la estrecha relación del uso del azafrán con el bajo índice de enfermedades vasculares.

1978　Se paga al agricultor español la cantidad de 98.700 ptas. por un kilogramo de azafrán.

1979　El agricultor español recibe 92.176 ptas. por cada kilogramo de azafrán.

1983　Se funda el «Museo Monográfico del Azafrán» en la localidad turolense de Monreal del Campo —capital de la Mancomunidad del Valle del Jiloca—, por iniciativa del etnólogo **Julio Alvar**.

1984　El Real Decreto 2242, del 26-09 —sentenciado en el BOE de fecha 22-12-1960— regula y establece las condiciones de las industrias relacionadas con las especias y condimentos.

1985　España exporta 34 toneladas de azafrán en seco.

1987　El precio del kilogramo de azafrán es de unas 90.000 ptas.; mientras que en el mercado se cotiza a unas 120.000 ptas. Comienza a celebrarse el «Festival de la Rosa del Azafrán» en Santa Ana, un barrio de la ciudad de Albacete, con concurso de Monda y Festival Folklórico.

1990　Se inicia la decadencia del cultivo del azafrán en todo el Valle del Jiloca (Teruel).

1991   **Nair** y sus colaboradores científicos confirman el poder antitumorante del azafrán. Comienza a celebrarse la «Fiesta de la Rosa del Azafrán» en la localidad de Membrilla (Ciudad Real).

1992   El día 26-03, todos los grupos políticos, en sesión plenaria de las Cortes de Castilla-La Mancha, llevan a cabo una iniciativa legislativa, por la que se proponía al Gobierno regional avanzar en los estudios que éste venía haciendo sobre el azafrán; el objetivo general no era otro que el de lograr la Denominación de Origen del producto.

1995   El día 20-04, el Consejo Regulador de la D.O. «Azafrán de La Mancha» es provisional, en espera de las legislaciones oficiales. En el mes de diciembre de aquel año, el kilogramo de azafrán se cotizaba en España entre las 100.000 y las 120.000 ptas.

1996   España exporta un total de 33.191 kilogramos de azafrán (24.369 de los cuales, en hebra, y el resto, 8.822 kg, molido).

1998   El «INIA» (Instituto Nacional de Investigación y Tecnología Agraria) establece las diferencias entre el azafrán manchego y el del resto de España. Con fecha 5-10, se constituye la Fundación Consejo Regulador de la Denominación de Origen «Azafrán de La Mancha» (en espera de su Ratificación por parte de Bruselas).

1999   A partir del 11-02, la Fundación Consejo Regulador de la D.O. «Azafrán de La Mancha» cuenta con la protección transitoria de la Consejería de Agricultura y Medio Ambiente de la Junta de Comunidades de Castilla-La Mancha.

El Consejo Regulador de la Denominación de Origen «Azafrán de La Mancha»

El Consejo Regulador nació en 1995, como provisional; gracias a la iniciativa de un envasador, **Antonio García Martín-Delgado,** y un grupo de cultivadores que le apoyaron, nace la ASOCIACIÓN NACIONAL DE PRODUCTORES, porque era necesario la solicitud de una agrupación involucrada directamente, y de paso para intentar aunar un sector en el que el individualismo y desconfianza, aunque es penoso decirlo, es «Ley de Vida». A medida que han transcurrido los años, el Consejo ha pasado por muchas fases, se han tenido que celebrar distintos estatutos, adaptándose a la nueva normativa que aparecía sobre Consejos Reguladores. Por último, siguiendo las directrices de la CONSEJERÍA DE AGRICULTURA Y MEDIO AMBIENTE de la Junta de Comunidades de Castilla-La Mancha, se constituyó el 5 de octubre de 1998 la FUNDACIÓN «CONSEJO REGULADOR DE LA DENOMINACIÓN DE ORIGEN «Azafrán de La Mancha» (reconocida e inscrita en el registro de Fundaciones del Gobierno manchego, mediante resolución de fecha 22 de octubre, publicada en el Diario oficial de Castilla-La Mancha de 6 de noviembre de 1998. La FUNDACIÓN está constituida por 6 miembros fundadores que, junto con otros 2 cultivadores, forman el PATRONATO que rige este CONSEJO REGULADOR (4 envasadores representantes de todo el territorio acogido a la Denominación de Origen).

«Así mismo, la Dirección General de Alimentación y Cooperativas, en fecha 12 de enero, informó favorablemente del Pliego de Condiciones... y que la Dirección General de Asuntos Europeos, en fecha de 14 de enero, dio el oportuno curso del expediente a la Comisión Europea, a través de la Dirección General de Alimentación del Ministerio de Agricultura, Pesca y Alimentación» (D.O.C.M. nº 10 de 19 de febrero de 1999).

Desde el día 19 de febrero de 1999, publicado en el D.O.C.M. nº 10, la Denominación de Origen «Azafrán de La Mancha» cuenta con la protección transitoria de la Consejería de Agricultura y Medio Ambiente, contemplada en el artículo 3 de la orden de 9 de mayo de 1998, por la que se dictan disposiciones de aplicación del Reglamento (CEE) 2081/92 del Consejo, de 14 de julio de 1992, en tanto se adopta por la Comisión de la Unión Europea una resolución definitiva al respecto de su registro.

Algunos de sus artículos

Destacamos a continuación la filosofía de actuación y algunas de las normativas del Consejo Regulador de la Denominación de Origen «Azafrán de La Mancha», establecidas en diferentes artículos.

La citada Fundación tiene por objeto el fomento social y económico de la Comunidad Autónoma, constituida especialmente para darle prestigio en todo el mundo al azafrán producido en el área geográfica de La Mancha, en las provincias de Albacete, Ciudad Real, Cuenca y Toledo.

Para la consecución de sus fines —según el artículo 8—, la Fundación solicitará con arreglo a la legislación vigente, el registro de la Denominación de Origen para este producto y su autorización como organismo de control responsable de la gestión del sistema de certificación y desarrollará las siguientes actuaciones, que se enumeran a continuación a título enunciativo:

a) Promover la comercialización del azafrán amparado por la Denominación de Origen «Azafrán de la Mancha», procurando la expansión de sus mercados.

b) Formular el Pliego de Condiciones de la Denominación de Origen y presentarlo a la Consejería de Agricultura y Medio Ambiente para su protección y registro. Efectuar su revisión y proponer las oportunas modificaciones, al objeto de alcanzar un elevado nivel de calidad en los productos amparados.

c) Certificar la conformidad de los productos amparados con los requisitos establecidos en el Pliego de Condiciones con arreglo a la norma UNE 66.511-91 «Criterios generales relativos a los Organismos de Certificación que realizaran la Certificación del Producto» (que se corresponden con la Norma Europea EN 45,011-89) o la que en el futuro la sustituya.

d) Velar por el prestigio de la Denominación de Origen «Azafrán de La Mancha», fijando los criterios aplicables a su indicación en la presentación, etiquetado y publicidad del azafrán, supervisando que su utilización resulta acorde con la política de calidad que se establezca y que se realiza únicamente en los productos cubiertos por el registro.

e) Fomentar la investigación acerca de la historia y las características del azafrán de La Mancha.

En cuanto a los criterios de actuación, la Fundación estará presidida por los criterios de apertura y transparencia, siendo públicas todas sus normas y procedimientos, la relación de los productos certificados y el contenido y alcance de todas las certificaciones que realice, sin perjuicio del sigilo que deba observarse para la garantía de los derechos de terceros en la forma prevista en las normas reguladoras de los procedimientos de certificación.

La Fundación asegurará la objetividad y la imparcialidad en el establecimiento de sus procedimientos y criterios y en el desarrollo de sus actuaciones, siendo incompatible toda vinculación técnica, financiera, comercial o de cualquier otra índole, de su personal, que pueda afectar a su independencia o influir en el resultado de los procesos de certificación.

En cuanto a sus facultades —artículo 19—, al Patronato le está encomendado el cumplimiento de los fines fundacionales, el gobierno y representación de la Fundación y la administración de su patrimonio interpretando y aplicando la voluntad fundacional contenida en los presentes Estatutos, así como la dirección de los procesos de extinción y liquidación, sin más límites que los establecidos en la legislación vigente.

El Comité de Certificación, órgano llamado a garantizar la imparcialidad de la fundación en el desarrollo de la actividad de certificación mediante la participación de los intereses implicados en relación con el contenido y funcionamiento del sistema de certificación —según refleja el artículo 23— estará compuesto por el Presidente y el Vicepresidente del Patronato, así como por el representante de cada uno de los siguientes organismos y organizadores:

— Consejería de Agricultura y Medio Ambiente.
— Consejería de Sanidad.
— Asociación de Consumidores representada en el Consejo Regional de Consumo.
— Universidad de Castilla-La Mancha.
— Asociación Regional de Empresarios de Hostelería.
— Consejo Regional de Cámaras Oficiales de Comercio e Industria de Castilla-La Mancha.
— Centro de Asistencia Técnica e Inspección de Comercio Exterior de Madrid (Ministerio de Economía y Hacienda).
— Instituto Técnico Agronómico Provincial, S.A. (Diputación de Albacete).
— Asociación nacional de productores de Azafrán.
— Confederación regional de Empresarios de Castilla-La Mancha.

Municipios donde se cultiva el azafrán

ALBACETE

02250	Abenjibre	02651	Fuente-Álamo	02141	Pozohondo
02152	Alatoz	02260	Fuente Albilla	02327	Pozuelo
02003	Albacete	02110	Ginera, La	02249	Recueja, La
02653	Albatana	02253	Golosalbo	02450	Riopar
02215	Alborea	02400	Hellín	02340	Robledo
02124	Alcadozo	02162	Herrera, La	02630	Roda, La
02210	Alcalá del Júcar	02694	Higueruela	02316	Salobre
02300	Alcaraz	02696	Hoya Gonzalo	02326	San Pedro
02640	Almansa	02248	Jorquera	02435	Socovos
02690	Alpera	02434	Letur	02100	Tarazona de
02125	Ayna	02160	Lezuza		La Mancha
02320	Bazalote	02410	Lietor	02500	Tobarra
02614	Ballestero, El	02230	Madrigueras	02150	Valdeganga
02214	Balsa de Ves	02240	Mahora	02315	Vianos
02639	Barrax	02314	Masegoso	02213	Villa de Ves
02360	Bienservida	02620	Minaya	02636	Villalgordo del Júcar
02691	Bonete	02440	Molinicos	02270	Villamalea
02610	Bonillo, El	02638	Montalvos	02350	Villapalacios
02130	Borraga	02650	Montealegre del	02600	Villarrobledo
02153	Carcelen		Castillo	02215	Villatoya
02151	Casas de Juan Núñez	02220	Motilleja	02154	Villavaliente
02329	Casas de Lázaro	02612	Munera	02460	Villaverde de
02212	Casas de Ves	02246	Navas de Jorquera		Guadalimar
02200	Casas Ibáñez	02530	Nerpio	02310	Viveros
02660	Caudete	02652	Ontur	02480	Yeste
02247	Cenizate	02611	Ossa de Montiel		
02520	Chinchilla de Monte	02136	Paterna de		
	Aragón		Madera		
02693	Corral Rubio	02120	Peñas de San Pedro		
02461	Cotillas	02313	Peñascosa		
02430	Elche de la Sierra	02692	Petrola		
02436	Ferez	02311	Povedilla		
02128	Fuensanta, La	02154	Pozo Lorente		

CIUDAD REAL

13340	Albaladejo	13680	Fuente el Fresno	13240	Solana, La
13600	Alcázar de San Juan	13640	Herencia	13700	Tomelloso
13391	Alcubillas	13660	Labores, Las	13160	Torralba de Calatrava
13248	Alhambra	13200	Manzanares	13300	Valdepeñas
13270	Almagro	13230	Membrilla	13332	Villahermosa
13679	Arenas de San Juan	13170	Miguelrurr	13330	Villanueva de la Fuente
13710	Argamasilla de Alba	13326	Montiel	13320	Villanueva de los Infantes
13260	Bolaños de Calatrava	13350	Moral de Calatrava		
13610	Campo de Criptana	13620	Pedro Muñoz	13670	Villarrubia de los Ojos
13150	Carrión de Calatrava	13179	Pozuelo de Calatrava		
13329	Carrizosa	13650	Puerto Lápice	13210	Villarta de San Juan
13250	Daimiel	13249	Ruidera		
13333	Fuenllana	13247	San Carlos del Valle		
		13630	Socuéllamos		

CUENCA

16195	Abia de la Obispalía	16782	Altarejos	16720	Cañada Juncosa
16412	Acebrón, El	16141	Arcos de la Sierra	16890	Cañamares
16213	Alarcón	16855	Arrancacepas	16850	Cañaveras
16111	Albadalejo del Cuende	16710	Atalaya del Cañavate	16891	Cañizares
16841	Albalate de las Nogueras	16460	Barajas de Melo	16649	Carrascosa de Haro
		16117	Barchin del Hoyo	16707	Casas de Benítez
16620	Alberca de Záncara, La	16191	Bascuñana de San Pedro	16610	Casas de Fernando Alonso
16820	Alcázar del Rey	16152	Beamud	16708	Casas de Guijarro
16433	Alconchel de la Estrella	16471	Belinchón	16611	Casas de Haro
		16640	Belmonte	16612	Casas de los Pinos
16740	Almarcha, La	16779	Belmontejo	16239	Casasimarro
16420	Almendros	16851	Buciegas	16250	Castillejo de Iniesta
16130	Almodóvar del Pinar	16114	Buenache de Alarcón	16141	Castillejo de la Sierra
16431	Almonacid del Marquesado	16192	Buenache de la Sierra	16854	Castillo de Albarañez
		16210	Campillo de Altobuey	16623	Castillo de Garcimuñoz

16444	Cervera del Llano	16361	Monteagudo de las	16600	San Clemente
16190	Chillaron de Cuenca		Salinas	16770	San Lorenzo de la
16131	Chumillas	16780	Mota de Altarejos		Parrilla
16341	Cierva, La	16640	Mota del Cuervo	16621	Santa María del
16000	Cuenca	16200	Motilla del Palancar		Campo Rus
16781	Fresneda de Altarejos	16760	Olivares del Júcar	16639	Santa María de los
16141	Fresneda de la Sierra	16852	Olmeda de la Cuesta		Llanos
16144	Frontera, La	16131	Olmeda del Rey	16700	Sisante
16411	Fuente de Pedro	16115	Olmedilla de Alarcón	16131	Solera de Gabaldón
	Naharro	16853	Olmedilla de Eliz	16400	Tarancón
16647	Fuentelespino de	16423	Osa de la Vega	16213	Tebar
	Haro	16160	Palomares del Campo	16842	Torralba
16193	Fuentes	16192	Palomera	16161	Torrejoncillo del Rey
16890	Fuertescusa	16373	Paracuellos de la Vega	16413	Torrubia del Campo
16132	Gadaldón	16821	Paredes	16739	Torrubia del Castillo
16251	Graja de Iniesta	16113	Parra de las Vegas, La	16152	Tragacete
16290	Herrumblar, El	16638	Pedernoso, El	16422	Tresjuncos
16750	Hinojosa, La	16660	Pedroñeras, Las	16451	Tribaldos
16417	Hinojosos, Los	16240	Peral, El	16450	Uclés
16441	Hito, El	16269	Pesquera, La	16152	Uña
16730	Honrubia	16211	Picazo, El	16342	Valdemorillo de la
16416	Hontanaya	16622	Pinarejo		Sierra
16116	Hontecillas	16542	Pineda de la Cigüela	16343	Valdemoro de la
16410	Horcajo de Santiago	16118	Piqueras del Castillo		Sierra
16151	Huélamo	16141	Portilla	16214	Valhermoso de la
16822	Huelves	16890	Poyatos		Fuente
16195	Huerta de la	16708	Pozo Amargo	16100	Valverde del Júcar
	Obispalía	16414	Pozorrubio de	16214	Valverdejo
16500	Huete		Santiago	16709	Vara de Rey
16235	Iniesta	16670	Provencio, El	16150	Vega del Codorno
16237	Ledaña	16421	Puebla de Almenara	16543	Vellisca
16142	Majadas, Las	16269	Puebla del	16647	Villaescusa de Haro
16143	Mariana		Salvador	16236	Villagarcía del Llano
16650	Mesas, Las	16220	Quintanar del Rey	16140	Villalba de la
16260	Minglanilla	16649	Rada de Haro		Sierra
16649	Monreal del Llano	16452	Rozalen del Monte	16646	Villalgordo del
16434	Montalbanejo	16463	Saceda Trasierra		Marquesado
16440	Montalbo	16430	Saelices	16270	Villalpardo

TOLEDO

45312	Cabañas de Yepes	45340	Ontigola	45730	Villafranca de los Caballeros
45890	Cabezamesada	45450	Orgaz	45749	Villamuelas
45720	Camuñas	45840	Puebla de Almoriadiel, La	45810	Villanueva de Alcardete
45314	Ciruelos				
45700	Consuegra	45790	Quero	45410	Villanueva de Bogas
45880	Corral de Almaguer	45800	Quintanar de la Orden	45360	Villarrubia de Santiago
45311	Dos Barrios				
45760	Guardia, La	45770	Romerales	45740	Villasequilla de Yepes
45750	Huerta de Valdecarabanos	45370	Santa Cruz de la Zarza	45710	Villatobas
				45470	Yébenes, Los
45870	Lillo	45780	Tembleque	45313	Yepes
45710	Madridejos	45820	Toboso, El		
45460	Manzaneque	45789	Turleque		
45830	Miguel Esteban	45480	Urda		
45400	Mora	45850	Villa de Don Fadrique, La		
45350	Noblejas				
45300	Ocaña	45860	Villacañas		

Direcciones de interés

Ayuntamiento de Camuñas. C/Grande, s/n. Tel: 925 470 161; fax: 925 470 027; 45720 *CAMUÑAS* (Toledo).

Ayuntamiento de Consuegra. Plaza de España, 1. Tel: 925 480 911 y 925 475 500; fax: 925 480 288; 45700 *CONSUEGRA* (Toledo).

Ayuntamiento de Monreal del Campo. Plaza Mayor, 1. Tel: 978 863 001; fax: 978 863 790; 44300 *MONREAL DEL CAMPO* (Teruel).

Consejo Regulador de la Denominación de Origen «Azafrán de La Mancha». Paseo de Castilla-La Mancha, 15 bajos A. Tel. y fax: 925 470 284; 45720 *CAMUÑAS* (Toledo).

Consell Comarcal de la Conca de Barberà. C/Del Casal, 1-3, 2º. Tel: 977 861 232; fax: 977 862 424; 43400 *MONTBLANC* (Tarragona).

Escuela Superior de Ingenieros Agrónomos de Albacete. Plaza de la Universidad, 1; Tel: 967 599 200; fax: 967 599 238; 02071 *ALBACETE*.

Grupos de Coros y Danzas «Rosa del Azafrán». Tels: 925 480 199 y 925 481 038; 45700 *CONSUEGRA* (Toledo).

Instituto de Estudios Albacetenses. Excma. Diputación Provincial de Albacete. Callejón de las Monjas, s/n. (Apdo. de Correos, 404); 02005 *ALBACETE*.

ITAP (Instituto Técnico Agronómico Provincial, S.A.). Crtra. de Madrid, s/n. (Apdo. de Correos, 451). Tels: 967 219 075 y 967 190 019; fax: 967 240 032; 02080 *ALBACETE*.

Museo Comarcal de la Conca de Barberà. C/Josa, 6; Tel: 977 860 349; 43400 *MONTBLANC* (Tarragona).

Museo Monográfico del Azafrán. Plaza Mayor, 10. Tel: 978 863 236; 44300 *MONREAL DEL CAMPO* (Teruel).

Museo Municipal de Consuegra. Plaza de España, 9. Tel: 925 475 731; 45700 *CONSUEGRA* (Toledo).

Oficina de Turismo de Consuegra. Molino de Viento «Bolero». Cerro de la Crestería. Tel: 925 475 731; 45700 *CONSUEGRA* (Toledo).

Universidad de Castilla-La Mancha. Edificio de Servicios Generales. Campus Universitario. Tel: 926 295 300; fax: 926 295 301; 13071 *CIUDAD REAL*.

Empresas españolas envasadoras, distribuidoras y exportadoras de azafrán

(Por orden alfabético de provincias)

— «Azafranes Veramancha, S.L.»; c/San Antonio, 9; 02001 *ALBACETE*. Tel: 967 240 360; fax: 967 240 360. (Marca: «Veramancha»).

— «Compañía Exportadora de Azafrán Español, S.A.»; c/San Antonio, 23; 02001 *ALBACETE*. Tel: 967 217 012; fax: 967 213 427. (Marca: «CEAE, S.A.»).

— «Alsalam, S.L.»; PG. Campollano, CL c, 6; 02001 *ALBACETE*. (Marca: «La onza Brand»).

— «Juan Vera Martín»; c/San Agustín, 10; 02001 *ALBACETE*. Tel. y fax: 967 244 665.

— «Antonio Sotos, S.L.»; c/Ricardo Castro, 4; 02001 *ALBACETE*. Tel: 967 217 030; fax: 967 241 102. (Marca: «Saffronman»). (*).

— «Manuel Romero de Ávila Ramírez, S.A.»; c/Tesifonte Gallego, 6; 02002 *ALBA-CETE*. Tel: 967 218 141; fax: 967 240 526 (Marcas: «M.A.R.O.S.A.» y «Fruterry»).

— «Azafranes Manchegos, S.L.»; Cañada de Dominguillo, 11; 02210 *ALCALÁ DEL JÚCAR* (Albacete). Tel: 967 474 093; fax: 967 474 092. (Marca: «Azafranes Manchegos»). (*).

— «Azafranes y Especias de mi pueblo, de Mahora»; Plaza de la Mancha, 24; 02240 *MAHORA* (Albacete).

— «Antonio Vargas Desvias»; c/Don Pedro, 35-47; 02600 *VILLARROBLEDO* (Albacete). Tel: 967 140 547; fax: 967 143 617.

— «Luis Ayala Miralles, S.L.»; c/Carlos I, 5; 03660 *NOVELDA* (Alicante). Tel: 965 600 562; fax: 965 605 803.

— «Envasados e Infusiones la Noveldense, S.L.»; c/Felipe II, 7; 03660 *NOVELDA* (Alicante).

— «Hijos de Eustaquio Abad y Cía., SRC»; c/Menéndez Pelayo, 46 (Apdo. de Correos, 6); 03660 *NOVELDA* (Alicante). Tel. y fax: 965 600 082.

— «Antonio García Iniesta, S.L.»; c/Valencia, 15; 03660 *NOVELDA* (Alicante). Tel: 965 600 387; fax: 965 605 803.

— «Proaliment Jesús Navarro, S.A.»; c/Isaac Peral, 46; 03660 *NOVELDA* (Alicante). Tel: 965 600 150; fax: 965 604 796 y 965 603 012. (Marcas: «Carmencita», «Hengstenberg», «Amalur», «Siestainfusiones»).

— «Estuchados e Infusiones, S.L.»; c/Covadonga, 13; 03660 *NOVELDA* (Alicante). Tel: 965 624 613.
— «Envasados e Infusiones, S.L.»; c/Juan Ramón Jiménez, 20 (Apdo. de Correos, 281); 03660 *NOVELDA* (Alicante). Tel: 965 603 707; fax: 965 606 872.
— «Azafranes Sabater, S.L.»; c/Goya, 3; 03660 *NOVELDA* (Alicante). Tel: 965 601 380.
— «Azafranes Polluelos, S.L.»; c/Reyes Católicos, 47; 03660 *NOVELDA* (Alicante). Tel: 965 600 582; fax: 965 606 821. (Marca: «Polluelos»).
— «Azafranes La Barraca, S.L.»; c/Azorín, 10 (Apdo. de Correos, 15); 03660 *NOVELDA* (Alicante). Tel: 965 600 092; fax: 965 600 098. (Marca: «La Barraca»).
— «Azaconsa, S.L.»; c/Santa Rosalía, 18 (Apdo. de Correos, 18); 03660 *NOVELDA* (Alicante). Tel: 965 600 477; fax: 965 606 188.
— «Antonio Pina Díaz, S.L.»; c/Guzmán el Bueno, 34 (Apdo. de Correos, 72); 03660 *NOVELDA* (Alicante). Tel: 965 602 700; fax: 965 605 993. (Marca: «Pina»).
— «Saffronspain»; 03660 *NOVELDA* (Alicante). Tel: 965 605 890; fax: 965 600 993.
— «J.M. Gómez Mira, S.A.»; c/Viriato, 21; 03660 *NOVELDA* (Alicante). Tel: 965 604 048; fax: 965 604 048. (Marca: «El Avión»).
— «Luis Penalva, S.L.»; Pza. de la Magdalena, 13 (Apdo. de Correos, 82); 03660 *NOVELDA* (Alicante). Tel: 965 600 292; fax: 965 606 086 (Marcas: «Chiquilín», «Diana», «Manzanis»).
— «The Buncalow Nursery, S.A.»; c/Severo Ochoa, 24; 04700 *EL EJIDO* (Almería). Tel: 950 484 500; fax: 950 485 304.
— «Juan Enciso Alcoba, S.L.»; c/Francisco Oliveros, 22; 04760 *BERJA* (Almería). Tel: 950 490 065.
— «Azafranes de Villafranca, S.A.»; c/Mariano Aguiló, 19 bajos; 07005 *PALMA DE MALLORCA* (Islas Baleares). Tel: 971 240 448; fax: 971 279 506. (Marca: «Avillasa»). (*).
— «W.A. Gispert, S.L.»; c/Sombreros, 23 E; 08003 *BARCELONA*. Tel: 933 197 535; fax: 933 917 171. (Marcas: «R.A. Especias», «Saffron&Spices»).
— «Safinter, S.A.»; c/Teodoro Roviralta, 21-23; 08022 *BARCELONA*. Tel: 932 120 422; fax: 934 172 175.
— «Codes S. Coop. Ltda.»; Crtra. Nac. Km. 23,800; 08185 *LLIÇÀ DE VALL* (Barcelona). Tel: 932 174 454.
— «Riera Rabassa, S.A.»; c/Sant Sebastià, 19 (Apdo. de Correos, 13); 08340 *VILASSAR DE MAR* (Barcelona). Tel: 937 590 991. (Marcas: «Especias Burriach y Safronsa»).
— «Daniel Sánchez, S.A.»; Crtra. de Cambrils, Km. 1,400; 08340 *VILASSAR DE*

MAR (Barcelona). (Marcas: «Dani» azafrán en rama, especial para paellas, caldos, sopas y carnes en general).
— «Francisco Bellón Atochero, S.L.»; c/Alfonso X el Sabio, 26; 13230 *MEMBRI-LLA* (Ciudad Real). Tel: 926 636 865; fax: 917 763 218.
— «Manuel Romero de Ávila Ramírez, S.A.» (II); Pza. de Don Diego, 6; 13240 *LA SOLANA* (Ciudad Real). Tel. y fax: 926 634 050.
— «Bealar, S.L.»; c/Antonio Cobo, 32; 16210 *CAMPILLO DE ALTOBUEY* (Cuenca). Tel. y fax: 966 337 146. (Marca: «La Rosera»). (*).
— «Envatran»; c/Nueva, 6; 16240 *EL HERRUMBLAR* (Cuenca).
— «Córdoba Izquierdo, Pedro»; Paseo de la Alameda; 16280 *VILLARTA* (Cuenca).
— «La Mancheguita»; c/Mayor, 4; 16421 *PUEBLA DE ALMENARA* (Cuenca). (Marca: «La Mancheguita»).
— «Bustos Romeral, Luis Miguel»; c/Calvario, s/n; 16421 *PUEBLA DE ALME-NARA* (Cuenca).
— «Ampelco Spain, S.A.» (Saffron Trading); c/Ascao, 60; 28071 MADRID. Tel: 913 677 526; fax: 913 678 398. (Marca: «Red Gold» Saffron).
— «Inguet Uno, S.L.»; Avda. de la ONU, 72; local B; 28963 *MÓSTOLES* (Madrid). Tel. y fax: 916 475 469. (Marca: «La Rosa del Campillo»).
— «Azafranes Andalucía, S.L.»; c/Romeo y Julieta, 17; 29140 *CHURRIANA* (Málaga). Tel. y fax: 952 622 716. (Marca: «Azafrán los Molinos de La Mancha»).
— «Extract-Oil, S.A.»; c/Santa Ana; 30202 *CARTAGENA* (Murcia). (Marca: «Apolo»).
— «Pimentón y Especias Polichinela»; c/San Pedro, 12; 30110 *CABEZO DE TORRES* (Murcia). Tel. y fax: 968 830 907. (Marca: «Polichinela»).
— «Ramón Sabater, S.A.»; Avda. de Murcia, 49; 30110 *CABEZO DE TORRES* (Murcia). Tel: 968 883 108; fax: 968 883 531.
— «Paprimur»; Finca lo Navarro, s/n.; 30110 *CABEZO DE TORRES* (Murcia). Tel: 968 430 400; fax: 968 834 756. (Marca: «Paprimur»).
— «Pujante Cantalares, S.A.»; Padraje los Cantalares, s/n.; 30110 *CABEZO DE TORRES* (Murcia). Tel: 968 831 172; fax: 968 831 846.
— «Productos Mercey, S.A.»; c/Cortes, 2; 30157 *MURCIA*. Tel: 968 840 398; fax: 968 840 207.
— «Alhama Spain, S.L.»; Pol. Intral. Oeste Parcela, 21-22; 30169 *SAN GINÉS* (Murcia). Tel: 968 661 388; fax: 968 881 300.
— «Félix Reverte, S.A.»; Río Turia, s/n.; 30740 *SAN PEDRO DEL PINATAR* (Murcia). Tel: 968 181 311; fax: 968 182 804.
— «Saboflor, S.A.»; c/Caridad, 56; 38350 *TACORONTE* (Santa Cruz de Tenerife. Islas Canarias). Tel: 922 561 953; fax: 922 563 555.
— «Chisvert» (Tienda 1); c/José Gestoso, 6; 41003 *SEVILLA*. Tel: 954 224 341. (Marca: «La Casa de las Especias»).

— «Chisvert» (Tienda 2); c/Santuario de la Cabeza, 91; 41007 *SEVILLA*. Tel: 954 663 150. (Marca: «La Casa de las Especias»).

— «Espècies Corbella»; c/Dr. Barrera, 11; 43426 *ROCAFORT DE QUERALT* (Tarragona). Tel: 977 898 093.

— «Azafranes Jiloca»; Ctra. Madrid, 79-85; 44300 *MONREAL DEL CAMPO* (Teruel). Tel: 978 863 474.

— «Cía Española Recolectora de Azafrán, S.L.»; c/Codo, 2; 45720 *CAMUÑAS* (Toledo). Tel: 925 470 210; fax: 914 084 758. (Marca: «Cefran»). (*).

— «Mececitas, S.L.»; c/Quero, s/n.; 45860 *VILLACAÑAS* (Toledo). (Marca: «Mececitas»).

— «Manufacturas Ceylan, S.L.»; c/Traginers, 6. Pol. Vara de Quart; 46014 *VALEN-CIA*. Tel: 963 798 800; fax: 963 799 570. (Marca: «Ceylan»).

— «García Richart Angel»; c/Dr. Fleming, 6; 46016 *TAVERNES BLANQUES* (Valencia).

— «Pascuel Carrasco, Julio»; c/Trafalgar, 33; 46023 *VALENCIA*.

— «Celepalme, S.L.»; c/Caballers, 73; 46115 *ALFARA DEL PATRIARCA* (Valencia). Tel. y fax: 961 394 071.

— «La Cía. Gral. Del Azafrán de España, S.A.»; Ctra. Valencia-Ademuz; Km. 28; 46160 *LIRIA* (Valencia). Tel: 961 140 750; fax: 961 140 889. (Marcas: «Celemín», «Azafranes de España»).

— «Chivi, S.L.»; Alfarp, Km. 1; 46450 *BENIFAIO* (Valencia). Tel: 961 780 210; fax: 961 784 551.

— «Cerpan»; c/Algar, 2; 46700 *BENIRREDRA* (Valencia).

— «Exportación de Productos Aromáticos, S.L.»; c/Tossalt, s/n.; 46800 *XÀTIVA* (Valencia).

— «Manufactas Covisal, S.L.»; c/Pintor Sorolla, 5; 46920 *MISLATA* (Valencia). Tel: 963 792 465.

— «Josefa Estelles Mayor, S.L.»; c/Virgen de la Salud, 2; Parcela C; 46950 *XIRIVE-LLA* (Valencia). Tel: 963 706 162; fax: 963 795 685. (Marca: «Laboratorios La Campana»).

— «Andreu Ruíz Ginez»; c/Mallorca, 3; 46970 *ALACUAS* (Valencia).

— «Starlux, S.A.»; c/Ciudad de Liria, 21; 46980 *PATERNA* (Valencia). Tel: 965 719 600; fax: 965 684 656.

(*) Empresas inscritas en el Consejo Regulador de la Denominación de Origen «Azafrán de La Mancha».

Bibliografía

ALARCÓN MOLINA, J., y SÁNCHEZ REQUENA, A. *«El azafrán»*. Ministerio de Agricultura. Hojas Divulgativas, nº. 13-68-H; Madrid, 1968.

ALONSO DÍAZ-MARTA, Gonzalo, y SALINAS Fernández, Mª Rosario. *«Color, sabor y aroma del azafrán de determinadas comarcas de Castilla-La Mancha»*. Investigación Agraria. Albacete, 1993.

ALPERA, LL. *«Los nombres trecentistas de botánica valenciana, en Francesc Eiximenis»*. Valencia, 1968.

ANGUITA, Marián. *«El sabor de las especias»*. «La Confitería Española», nº 738. Barcelona, 12-1998; págs. 8/30.

ARIÉ, Rachel. *«España musulmana»* (siglos VIII-XV). Ed. Labor, S.A.; Barcelona, 1984.

ASIMOV, Isaac. *«Guía de la Biblia»* (Antiguo Testamento). Plaza & Janés Editores, S.A.; Barcelona, 1988.

ÁVILA GRANADOS, Jesús. *«La monda de la rosa del azafrán en Consuegra»*. «SPIC», nº 416. Madrid, 12/92; págs. 16/18.

ÁVILA GRANADOS, Jesús. *«La rosa del azafrán»*. «Fitomédica», nº 4; Barcelona, 11/12-1996; págs. 56/61.

ÁVILA GRANADOS, Jesús. *«La Catalunya del Císter»*. Ed. JD, S.L.; Barcelona, 07/1999.

BASKER, D., y NEGLI, M. *«Uses of Saffron»*. Economic Botany, 37; 1983.

BECKER, Udo. *«Enciclopedia de los símbolos»*. Ed. Robin Book, SL.; Barcelona, 1996.

BOLENS, Lucie. *«La cocina andaluza, un arte de vivir»* (siglos XI-XIII). Ed. EDAF, S.A.; Madrid, 1992.

BÖRNCHEN, Martín. *«El azafrán fascina a los alumnos alemanes»*. «XXIX Fiesta de la Rosa del Azafrán». Consuegra (Toledo), 10/1991.

BÖRNCHEN, Martín. *«Falsificaciones del Azafrán»*. «XXXIII Fiesta de la Rosa del Azafrán». Consuegra (Toledo); 10/1995.

BÖRNCHEN, Martín. *«El azafrán atrae, atrae, atrae...»*. «XXXV Fiesta de la Rosa del Azafrán». Consuegra (Toledo), 10/1997.

CAÑIGUERAL, Salvador, y otros. *«Plantas medicinales y drogas vegetales para infusión y tisana»*. (Un manual de base científica para farmacéuticos y médicos.) Facultad de Farmacia. Universidad de Barcelona, 1998; 606 págs.

CARRANZA, Armando. *«Enciclopedia de los sueños»*. Editorial Planeta, S.A.; Barcelona, 1996.

CHEVALIER, Jean, y GHEERBRANDT, Alain. *«Diccionario de los símbolos»*. Ed. Herder. Barcelona, 1986.

DANAIN, Jean-Paul. *«La Drôme à Table»*. Éditions Table & Terroir. La Roche de Glun, 1989.

DOM, Antoine, y PERNETY, Joseph. *«Diccionario Mito-Hermético»*. Ed. Indigo, SA.; Barcelona, 1993.

DOMÍNGUEZ TENDERO, Francisco. *«Miscelanea de "Ortodoxia" Azafranera»*. «XXIV Fiesta de la Rosa del Azafrán». Consuegra (Toledo), 1986.

DRÈGE, Jean-Pierre. *«Marco Polo et la Route de la Soie»*. Ed. Gallimard (Decouvertes); París, 1989.

FARMACOPEA OFICIAL ESPAÑOLA. Sexta Edición Madrid, 1884.

FLÓ, Josep Mª. *«Nueva cocina mediterránea»*. Ed. Planeta, SA.; Barcelona, 1996.

GANOR, Avi, y MAILBERG, Ron. *«El sabor de Israel»* (Un festín mediterráneo). Noriega Editores, SA.; México, 1993.

GARCÍA BALLESTER, Luis. *«Los moriscos y la medicina»*. Editorial Labor, SA.; Barcelona, 1984.

GARCÍA MORENO, Enrique. *«Recetario gastronómico de Castilla-La Mancha»*. Extensión Agraria de la Consejería de Agricultura. Ciudad Real, 1985.

GRIMAL, Pierre. *«Diccionario de mitología. Griega y romana»*. Ed. Paidós Ibérica, S.A.; Barcelona, 1982.

JENNINGS, Gary. *«El viajero»*. Ed. Planeta, SA.; Barcelona, 1985.

KOUKI, Mohamed. *«Cuisine et patisserie tunisiennes»*. Le Patrimoine Tunisien. Edition et Diffusion. Tunis, 1993.

LEBLIC GARCÍA, Ventura. *«Flor errante»*. «XXIII Fiesta de la Rosa del Azafrán». Consuegra (Toledo); 10/1985.

LE ESCURIAZA, R. *«El cultivo del azafrán en España»*. Dirección General de Agricultura y Montes. Hojas Divulgadoras. Madrid, 1927.

LÓPEZ DE LA OSA, J. A. *«Cultivo del azafrán»*. Hornos de Poya. Instituto de Estudios Manchegos, 1897.

LLORET, Esther, y LLORET, Mercedes. *«100 Recetas de cocina natural»*. Plaza & Janes Editores, SA.; Barcelona, 1995.

MARINUS DE WAAL, Dr. *«Hierbas medicinales en la Biblia»*. Tikal Ediciones/Susaeta. Girona, 1997.

MARTÍNEZ ASENSIO, Antonio. *«Castilla-La Mancha»* (Guía de productos de la tierra). EDAF (Atlas Ecoturísticos). Madrid, 1999.

MASA CABRERO, Francisco, y otros. *«Guía de Castilla-La Mancha»*. Junta de Comunidades de Castilla-La Mancha. Toledo, 1990.

M. R. y ÁVILA GRANADOS, Jesús. *«El azafrán, oro en flor»*. «Entorno de Actualidad». Madrid, 12/1992; págs. 34/38.

MARTUL, Carmen, y MONTORO, Jorge. *«Flora de Castilla-La Mancha»*. Junta de Comunidades de Castilla-La Mancha. Toledo, 1985.

MINISTERIO DE ECONOMÍA Y HACIENDA. *«Normas de Calidad del Comercio Exterior del Azafrán»*. «BOE», nº 160; Madrid, 5-07-1980.

MORALES ARJONA, M. *«El azafrán, cultivo y exportación»*. Ed. Espasa Calpe, SA.; Madrid, 1922.

MURGA MORAZO, J. y Fernández DEL CACHO, J. *«El azafrán en Aragón»*. Diputación General de Aragón. Zaragoza, 1984.

NOËL, J. F. M. *«Diccionario de Mitología Universal»* (vols. I y II). Edicomunicación, S.A.; Barcelona, 1991.

NOVAK, F. A. *«Gran Enciclopedia Ilustrada de las Plantas»*. Círculo de Lectores. Barcelona, 1970.

ODENA FABREGAT, Josep Angel. *«La cuina de Tortosa»*. Ed. Ribera & Rius. Lleida, 1991.

PAÑOS COLLADO, C. *«El sector español del azafrán»*. ICE, Nº 2.466; 7-31; Madrid, 1995.

PEDRAZA JIMÉNEZ, Felipe B. *«Pregón de la Fiesta de la Rosa del Azafrán»*. Consuegra (Toledo), 10/1997.

PEINADO LORCA, Manuel, y MARTÍNEZ PARRAS, José Mª *«El paisaje vegetal de Castilla-La Mancha»*. Albacete, 1985.

PÉREZ BUENO, Manuel. *«El azafrán»* (Cultivo, Enfermedades, Rendimientos, Industrialización). Mundi Prensa. Madrid, 1989.

PÉREZ BUENO, Manuel. *«El azafrán»* (Historia, Cultivo, Gastronomía). Ediciones Agrotécnicas. Madrid, 1995.

PÉREZ M. MÍNGUEZ, Mariano. *«Enciclopedia Farmacéutica»*. Jaime Seix, Editor. Barcelona, 1891.

POL GIRBAL, Jaume. *«Camil·la, cocinera de Tossa»*. Lluís Durán i Huix, Ed.; Sant Hilari Sacalm (Girona), 1988.

RICHARDSON, Rosamond. *«Especias exóticas»*, José J. de Olañeta, Editor. Palma de Mallorca, 1987.

RUBIO TERRADO, Pascual. *«El azafrán y la comarca del Jiloca»*. Centro de Estudios del Jiloca. Teruel, 1997.

SÁIZ MARQUINA, Salvador. *«Las cocinas que yo conozco»*. Ed. Ribera & Rius. Lleida, 1991.

SALAS, Emilio. *«El gran libro de los sueños»*. Ed. Martínez Roca, SA. Barcelona, 1988.

SOL, Gonzalo, y otros. *«El buen gusto de España»*. Ministerio de Agricultura, Pesca y Alimentación. Madrid, 1996.

ULIBARRI ARGANDA, Juan. *«Memoria Inicial de la Beca del Museo Monográfico del Azafrán»*. Monreal del Campo (Teruel), 1993.

VALENZUELA, Amado. *«El azafrán. Los azafranes. Esbrinado»*. «Heraldo de Aragón». Zaragoza.

VV.AA. *«Cultivazione delle piante medicinali»*. Pàtron Editore. Bologna (Italia), 1986.

VV.AA. *«Components and features of saffron»*. Tammaro y L. Marra, Ed. Lo Zafferano. Proceedings of the International Conference on Safron *(Crocus sativus L.)*, L'Aquila (Italia), 1990.

Índice